CONSTANÇA MARCONDES CESAR

FILOSOFIA DA CULTURA GREGA

DIRETOR EDITORIAL:
Marcelo C. Araújo

EDITORES:
Avelino Grassi
Márcio F. dos Anjos

EDITOR ADJUNTO:
Edvaldo Manoel de Araújo

COORDENAÇÃO EDITORIAL:
Ana Lúcia de Castro Leite

COPIDESQUE:
Antônio Bicarato

REVISÃO:
Ana Lúcia de Castro Leite
Bruna Marzullo
Leila Cristina Dinis Fernandes

DIAGRAMAÇÃO:
Juliano de Sousa Cervelin

CAPA:
Junior Santos

© Idéias & Letras, 2008

Editora Idéias & Letras
Rua Pe. Claro Monteiro, 342 – Centro
12570-000 Aparecida-SP
Tel. (12) 3104-2000 – Fax (12) 3104-2036
Televendas: 0800 16 00 04
vendas@ideiaseletras.com.br
http//www.ideiaseletras.com.br

Dados Internacionais de Catalogação na Publicação (CIP)
(Câmara Brasileira do Livro, SP, Brasil)

Cesar, Constança Marcondes
Filosofia da Cultura Grega / Constança Marcondes Cesar.
– Aparecida, SP: Idéias & Letras, 2008.

Bibliografia
ISBN 978-85-7698-020-9

1. Cultura – Grécia 2. Filosofia – História 3. Filosofia – Introduções 4. Helenismo 5. Moutsopoulos, Evanghélos, 1930 – Escritos I. Título.

08-09308	CDD-109

Índices para catálogo sistemático:

1. Filosofia: História 109

Sumário

Apresentação – 5

1. Evanghélos Moutsopoulos e a filosofia neo-helênica – 7
  1. Introdução – 7
  2. A filosofia neo-helênica: características e significado – 9
  3. A relevância da contribuição de Moutsopoulos
    – testemunhos e balanço crítico – 19
  4. Moutsopoulos: cronologia de vida e obra – 27

2. A Grécia como inspiração – 49

3. Kairós: o conceito-chave da filosofia da cultura grega – 57
  1. Introdução – 57
  2. A abordagem temática – 63
  3. A dimensão estética do Kairós – 85
  4. Crise e Kairós – 86
  5. Conclusão – 116

4. Kairós, poiésis, eleutheria – 119

5. Conclusão – 133

Apresentação

A Grécia clássica é bastante conhecida a partir da divulgação das obras de Platão e Aristóteles, em diferentes traduções e edições críticas.

As indagações que surgem, a partir dessa constatação e do exame do atual cenário filosófico, são: Qual o significado da filosofia grega contemporânea? Quem são seus representantes exponenciais? Quais são os temas que a perpassam? Qual a contribuição, para o pensamento atual, da reflexão de filósofos gregos?

O florescimento de uma cultura ocorre, em nossa opinião, em diferentes domínios ao mesmo tempo: artes, ciências, filosofia.

Podemos perceber, na literatura grega de hoje, na sua prosa e na sua poesia, o surgimento de alguns dos autores mais relevantes da arte de nossa época. Assinalamos: Kazantzakis, Elytis, Seféris, Cavafys, para citarmos apenas alguns.

Há, a nosso ver, no campo da filosofia grega atual, uma efervescência análoga à da literatura.

Ela consiste no mergulho na tradição, para aí buscar pontos de referência para leitura e interpretação de nosso tempo, de nosso mundo, de nossa sociedade. Ela é também a proposição de alternativas de vida para o homem contemporâneo, através da reativação e do revigoramento das fontes originárias do pensamento ocidental. Trata, desse modo, de atender às questões novas que emergem, suscitadas pela crise atual em que estamos imersos.

A filosofia de Evanghélos Moutsopoulos, também músico e pintor, é uma das mais representativas do pensamento grego atual e do diálogo deste com as correntes filosóficas contemporâneas.

A ressonância internacional de seus escritos e de sua atuação, no âmbito da Filosofia, é reconhecível pela publicação de diferentes traduções e edições de seus principais livros em diversas línguas, notadamente o francês, o inglês e o italiano, bem como pelo estudo sistemático e crítico de sua obra por diversos pensadores. Por isso, elegemos esse autor como ponto de partida para o estudo da filosofia grega contemporânea.

Nossa abordagem busca, num primeiro momento, enfocar a reflexão de Moutsopoulos no contexto da filosofia neo-helênica. No segundo capítulo, caracterizamos o objeto e o método da filosofia da cultura grega, propostos por ele. No terceiro capítulo, elencamos as palavras-chave através das quais essa filosofia da cultura se orienta, bem como as implicações para a meditação contemporânea, abertas por sua contribuição.

Na conclusão, examinaremos a reflexão de Moutsopoulos, confrontando-a com as abordagens dos problemas do mundo contemporâneo feitas pela Escola Fenomenológica e pela Escola de Frankfurt, a partir do estudo de dois autores emblemáticos das duas escolas, Heidegger e Marcuse, explicitamente citados pelo filósofo grego.

Procuramos, assim, evidenciar a originalidade da contribuição de Moutsopoulos para o estudo da crise da sociedade contemporânea, bem como para seu ultrapassamento, em vista da realização do homem, como indivíduo e como ser social.

1

Evanghélos Moutsopoulos e a filosofia neo-helênica

1. Introdução

O pensamento neo-helênico encontra na obra de E. Moutsopoulos uma de suas mais importantes expressões, dadas a amplitude, profundidade e originalidade da reflexão que desenvolve.

Quanto à amplitude, é preciso dizer que abarca os campos da estética, ontologia, antropologia filosófica, história da filosofia, axiologia, ética, filosofia da cultura e filosofia ciência.

Quanto à profundidade, os testemunhos de colaboradores da Academia de Atenas atestam de imediato a consistência e solidez de sua criação em todos esses campos; artigos de diferentes autores, gregos e estrangeiros, testemunham a ressonância de sua obra; o exame da bibliografia que utiliza, consultada nos originais em grego, latim, francês, italiano, espanhol e alemão, bem como a atualidade dos temas, indica a presença dessa característica. Pensamento que busca os fundamentos da filosofia e da cultura, a meditação de Moutsopoulos se desenvolve no horizonte de discussão sobre o helenismo que caracterizou a renovação do pensamento grego na modernidade.

Quanto à originalidade, a atualização do conceito de *kairós*, bem como o entretecimento desse conceito com as noções de *liberdade* e de valores *éticos* e *estéticos*, serviu de fio condutor para a estruturação de um método de análise da história da filosofia enquanto história das idéias, história da cultura, na qual é mostrada a permanência, nas diversas épocas, dos valores universais apontados nas origens do pensamento grego.

Na expressão de Constantine Niarchos[1], o estilo filosófico de nosso autor, apresentado em francês e em grego, caracterizou-se pela "acuidade, concisão, adequação e musicalidade". A acuidade resulta "do uso de palavras apropriadas", isto é, precisas; a concisão, da recusa do supérfluo no campo da linguagem; a adequação, da estrutura lógica e da exposição bem construída que evidencia relações entre conceitos complexos; a musicalidade se manifesta através do ritmo e da harmonia das frases, de boa qualidade literária[2]. Ou seja, o rigor lógico e a elegância da linguagem aliam, nos escritos de Moutsopoulos, o filósofo e o artista.

O humanismo de nosso pensador tem como eixo a noção de kairós[3], que significa, na sua perspectiva, o instante propício, a busca de um ser-mais e da adequação entre verdade/realidade/valor na vida humana.

---

[1] Constantine Niarchos, "E. Moutsopoulos. Life, Work and Stile", Atenas, *Diotima*, 1989, n. 17, p. 13.
[2] Id., ibid.
[3] Ver, a propósito, o excelente estudo de Jean-Marc GABAUDE, "E. Moutsopoulos, philosophe du kairós", in VV. AA. Du Vrai, du Beau, du Bien, Paris, 1990, p. 14-25.

Um dos campos privilegiados nos quais se desenvolve a meditação do filósofo é a reflexão sobre a cultura. A filosofia da cultura grega é, na sua obra, um esforço de compreensão desta cultura e da atualidade de sua herança, enquanto processo de reestruturação contínua e reformulação de sistemas de valores.

Celebração da vida, da beleza, da liberdade, o pensamento grego, desde sua mais antiga tradição até a luminosa incidência na filosofia neo-helênica, é a afirmação, sempre renovada, do valor do homem e de seu destino de universalidade e transcendência.

2. A filosofia neo-helênica: características e significado

Recorreremos, para situar a obra à reflexão de nosso autor, a artigos e livros sobre a filosofia neo-helênica, de Anna Keléssidou, Roxane Argyropoulos, G. Arabatzis.

Um quadro geral da filosofia grega moderna e contemporânea, estabelecido pelo próprio Moutsopoulos[4], pode dar-nos também uma idéia das características desse pensamento. Vamos utilizar esse quadro como ponto de referência de nossa exposição, complementando-o com as abordagens dos autores supracitados.

Moutsopoulos afirma que no século XVII, sob a ocupação otomana, desenvolveu-se na Grécia uma filosofia essencialmente aristotélica, através das obras de Corydaleus e de Eugenio Bulgaris.

---

[4] Evanghélos Moutsopoulos, *The reality of creation*, New York, Paragon, 1991, p. 217-222.

Nos séculos XVIII e XIX, houve uma retomada da tradição filosófica; por outro lado, o enciclopedismo influenciou Codricas. A síntese mais importante, no século XIX, deveu-se a Petros Vraïlas-Arménis, que aproximou aristotelismo e platonismo. O século XIX foi particularmente importante para a renovação da filosofia helênica, em virtude da profusão de estudos, textos, colóquios, congressos, publicações que nele ocorreram.

Essa renovação está vinculada, na opinião de Roxane Argyropoulos[5], à reflexão sobre a perenidade do helenismo, que marcou a filosofia grega na segunda metade do século XIX e no início do século XX. Tal renovação aparece como meditação sobre a perenidade da nação helênica e sobre a unidade histórica do helenismo. Emerge no horizonte da oposição classicismo/romantismo, que contrapunha a valorização da Grécia clássica à valorização da Grécia cristã, ao helenismo medieval, no qual Bizâncio aparece como origem das instituições e dos costumes que inspiram os modelos de pensamento da Grécia moderna.

Essa perspectiva, desencadeada sob a influência do romantismo, foi adotada por pensadores e intelectuais que, nos séculos XIX e XX, trataram de refletir sobre o significado da cultura grega. A meditação sobre Bizâncio, entendida como fulcro da civilização heleno-cristã, está associada ao problema da continuidade do helenismo através dos tempos. Bizâncio é entendida como símbolo da unidade nacional, da helenização do Império Romano do Oriente e do caráter cristão da atual nação helênica. Inúmeros intelectuais do século XIX foram inspirados por

---

[5] Roxane Argyropoulos, *Les intellectuels grecs à la recherche de Bizance (1860-1912)*, Atenas, Institut de recherches néohelléniques/Fondation Nationale de la recherche scientifique, 2001.

essa interpretação de Bizâncio como laço entre a Antigüidade e o Renascimento. No Oriente helenizado, a religião serviu para propagar a tradição, a língua e a cultura gregas, na opinião de Paparrigopoulos, autor chave da Grécia do século XIX. A partir de suas idéias, os intelectuais Spyridon Zambélios e Dimitrios Vikálas repensaram a relação entre a civilização heleno-cristã, a Antigüidade e a Patrística, sob a inspiração de textos platônicos e dos intérpretes de Platão.

Petros Vraïlas-Arménis, reconhecido por Moutsopoulos como o mais importante autor desse período, chega mesmo a identificar ortodoxia e nacionalismo, helenismo e cristianismo, diz Argyropoulos,[6] meditando sobre a missão histórica do helenismo. A missão de Bizâncio foi a de conservar, numa época de barbárie, a civilização, possibilitando o seu futuro renascimento.

Argyropoulos mostra a influência marcante de Hegel na filosofia grega do século XIX. Os conceitos hegelianos de *progresso* e *espírito do tempo* foram apropriados por Zambélios e Vraïlas-Arménis. Neste último, a idéia de progresso está vinculada ao exame da presença constante da nação helênica através do tempo e da realização, através do helenismo, de certo equilíbrio entre Oriente e Ocidente. Autor relevante, para mim, é também Théodoros Caroussos, que procura mostrar a perenidade do helenismo através da tendência ao discurso filosófico, ao filosofar, como um traço constante do espírito grego. Sob a influência de Hegel, vinda através de Zeller e de Schwangler, Caroussos pôs em relevo "a unidade cultural (...) do helenismo enquanto consciência de temporalidade de uma

---

[6] Op. cit.

civilização"⁷. E ainda: Caroussos teria recuperado "o helenismo num sentido progressivo"⁸, percorrendo "a relação entre o helenismo e a evolução da individualidade"⁹ e a vinculação entre os períodos da filosofia grega: a neo-helênica se apoiaria nas alexandrina e bizantina, nas quais teria ocorrido a convergência entre helenismo e cristianismo¹⁰.

Não se tratou, para esses filósofos, de apreender o espírito helênico medieval numa perspectiva estritamente histórica, mas de compreender a mensagem própria de Bizâncio. Daí a proliferação de estudos de fontes e manuscritos; daí a edição das obras de Psellos e de biografias históricas; daí a criação de cátedras de arte, arqueologia, literatura e história bizantinas, a publicação de revistas especializadas e os estudos sobre o Monte Athos e Meteora. A união entre helenismo e cristianismo simbolizada por Bizâncio representou a força constitutiva da Grécia moderna, entre 1897 e 1909, e se expressou através das obras de Paparrigopoulos e Sathes.

A repercussão desses estudos na arte e na literatura contemporâneas foi imensa. Assim, autores como Costas Palamas, Constantin Cavafys, Penélope Delta e Jean Psichari expressaram na lírica, na poesia, na narrativa, nos estudos sobre literatura popular, a temática e as fontes bizantinas.

Moutsopoulos também põe em relevo esse movimento de renovação de filosofia helênica, mostrando que nas últimas décadas do século XIX os intelectuais foram levados a

---

⁷ Id., ibid., p. 59.
⁸ Id., ibid.
⁹ Id., ibid., p. 60.
¹⁰ Id., ibid.

pensar as características de cultura grega, distinguindo-a das demais[11]. Dentre os autores que assinala como importantes, estão Péricles Yannopoulos e Ion Dragoumenes, cujos trabalhos influenciam a literatura filosófica dos principais poetas do período: C. Palamas, Anghélos Sikélianos e Constantin Cavafys (1869-1933).

Em depoimento pessoal, a Dra. Roxane Argyropoulos assinalou a presença das seguintes tendências na filosofia grega contemporânea: a) a *fenomenologia*, representada por Moutsopoulos e Sócrates Delivoyatzis, estudioso de Merleau-Ponty; b) a *filosofia analítica*, em vista da formação de muitos intelectuais em Londres e nos Estados Unidos. Dragona-Monachou, de Atenas, é um dos representantes mais significativos dessa corrente; c) o *existencialismo*, cujos expoentes seriam Anna Keléssidou e L. Lassifiotakis; d) a *hermenêutica*, cuja figura expressiva seria T. Bouges, ex-aluno de Ricoeur e professor em Atenas, que aí participa, com Dragona-Monachou, da seção de Metodologia e Filosofia das ciências.

As atividades mais importantes, no entender de Argyropoulos, desenvolvidas pela filosofia grega atual, seriam a retomada da tradição clássica, apresentada em diferentes edições críticas, e o estudo das fontes gregas do romantismo e do idealismo alemães.

A contribuição original de filosofia helênica, hoje, consistiria, para Argyropoulos, nessa busca das fontes e na reflexão, a partir delas, sobre os problemas contemporâneos. Exemplos dessa contribuição seriam as obras de Castoriadis e de Kondilis,

---

[11] E. Moutsopoulos, op. cit., p. 219.

nos âmbitos da ética e da política. A reconstrução da idéia da Grécia; o exame das influências européias sobre o país; a reflexão sobre o significado de Bizâncio enquanto símbolo inspirado e fundamento de Grécia moderno-cristã e herdeira de tradição antiga; a emergência de um neo-aristotelismo, sob o impacto dos estudos desenvolvidos em Pádua (Berti, Cremonini) e as considerações sobre as influências italianas e francesas na Grécia completariam o quadro geral esboçado por Argyropoulos.

Para Anna Keléssidou, na filosofia grega do final do século XIX e início do século XX se apresentava um impasse: o da oposição entre a tendência da *volta ao passado*, por intelectuais que viam como objetivo da filosofia grega atual o estudo e a assimilação da cultura antiga, e a tendência ao *alargamento de horizontes*, representada pelo diálogo com o Ocidente, a tradução e comentário de obras de autores europeus, que caracterizou o chamado *Grupo de Heidelberg* (Théodoracopoulos, Tsatos, Kanellopoulos), intelectuais com formação germânica que empreenderam uma profunda renovação da filosofia neo-helênica.

Para Keléssidou, a resposta a tal impasse foi dada de dois modos: a) pela retomada do *pensamento bizantino* e pelo exame de seus laços com o renascimento europeu; b) pela reflexão sobre a *cultura e a consciência nacional*, revivescendo as conquistas filosóficas, de modo a examinar "o pensamento antigo iluminado pela experiência histórica do presente"[12].

O neo-helenismo, segundo Keléssidou, tem como figuras de proa B. Tatakis, cujo estudo sobre a filosofia bizantina foi

---

[12] Anna KELÉSSIDOU. *Reflexions Critiques sur la situation actuelle de la Philosophie Grecque et son apport à la culture nationale*, Atenas, *Philosophia*, Academia de Atenas, 1982, n. 12, p. 351.

publicado como apêndice da História da Filosofia de Bréhier; E. Papanoutsos; K. Dimaras – este, autor de uma importante *História da literatura neo-helênica*; E. Moutsopoulos, editor da série *Corpus Philosophorum Graecorum Recentiorum*, que publicou em 7 volumes as obras de Vraïlas-Arménis.

Keléssidou põe em relevo também as contribuições mais recentes: as traduções, do Centro Filosófico da Academia de Atenas, de Histórias da filosofia neo-helênicas; os trabalhos de Tsourkas, Argyropoulos e Psimménos sobre filosofia neo-helênica. Nesses trabalhos, evidencia-se o fundo cultural no qual se entrelaçam a filosofia grega antiga, a filosofia bizantina e a filosofia neo-helênica do século XIX como busca de uma consciência nacional, como meditação sobre a cultura e a educação, em que a obra de J. N. Théodoracopoulos ocupa um lugar central. Keléssidou mostra como para este autor – ao qual devemos estudos relevantes sobre Platão, Aristóteles, Plotino, Pléthon – a filosofia deve servir à cultura e aos valores éticos da tradição greco-cristã: o diálogo, a racionalidade, a pessoa.

Para Moutsopoulos[13], o *Grupo de Heidelberg*, que atuou entre 1920 e 1950, tem como expoentes Théodoracopoulos, Tsatos e Kanellopoulos. Esses autores aproximaram neo-kantismo e platonismo, exercendo um grande impacto de renovação na filosofia grega. Editaram, entre 1929 e 1940, um importante periódico, o *Archive of Philosophy and Theory of Sciences*. Théodoracopoulos reintroduziu o interesse por Platão, publicando diferentes estudos e sintetizando perspectivas

---

[13] E. Moutsopoulos, *art. cit., passim*.

antigas e modernas, conciliando neo-kantismo e platonismo. Kanellopoulos dedicou-se à filosofia da cultura, editando uma *História do Pensamento Europeu.*

Arabatzis[14] também pôs em relevo a importância desses pensadores, que relacionaram o neo-kantismo com a filosofia antiga e entenderam, sob a influência de Rickert, a filosofia como filosofia da cultura, examinando as relações entre cultura e vida. A influência de Théodoracopoulos ressoa ainda hoje na obra de seu antigo aluno, D. N. Koutras, professor da Universidade de Atenas. A meditação sobre a cultura e os valores levaram esse autor à crítica do relativismo, do ceticismo e do historicismo e a apresentar a obra de Cavafys como modelo paradigmático da existência axiologicamente considerada, a existência voltada à criação poética.

Anna Keléssidou, por sua vez, mostra como a atuação de Théodoracopoulos, Kanellopoulos e Tsatos favorece a renovação filosófica, integrando a língua demótica e a língua culta, tendo como marcos: a publicação, a partir de 1971, da revista *Filosofia,* da Academia de Atenas, em demótico, e de cujo comitê de redação os três filósofos participaram; e a adoção, em 1975, da língua demótica como língua oficial da Grécia contemporânea. Para a filósofa, a atualidade nasceu de uma luta entre o neo-kantismo e o materialismo histórico, o positivismo e o freudismo. A filosofia desenvolve-se não apenas em universidades oficiais, mas também através de cursos livres, universidades livres, conferências, como por exemplo na escola *Pléthon,* fundada em Mistras por Théodoracopoulos. Os

---

[14] Arabatzis, *D'une certaine tendence dans la philosophie grecque contemporaine, Filosofia,* Atenas, Academia de Atenas, n. 31, 2001, p. 248-250.

contatos criadores com outros pensadores são ampliados, através da participação e organização de congressos internacionais e relações da Academia de Atenas com outras Academias[15].

A diversidade de interesses dos autores contemporâneos é evidenciada também por Moutsopoulos[16], que se refere à influência profunda do *platonismo* na filosofia atual. Ele mostra que essa diversidade é exposta ainda pela profusão de estudos sobre *filosofia antiga e medieval*, de que os trabalhos de Bayones, Niarchos, Moukanos seriam exemplos; pelo *existencialismo* cultivado por Gregory Costaras; pela *filosofia analítica*, representada por Constantine Boudburas e Dragona-Monachou; pelo *bergsonismo* e *bachelardianismo* de Georges Mourélos; pela *filosofia de religião*, campo de Spyridon Kyriazopoulos e Nissiotis; pelo *estruturalismo* e pela *fenomenologia*, que encontram expressão na ontologia, estética e filosofia da cultura do próprio Moutsopoulos.

Como pontos de acordo na caracterização do pensamento neo-helênico pelos autores a que recorremos, podemos assinalar:

a) a existência de uma oposição entre classicismo e modernismo, entre volta ao passado e abertura ao novo, no momento da constituição da Grécia moderna;

b) a importância da renovação levada a efeito pelos intelectuais dos séculos XIX e XX que, inspirando-se no platonismo, no neoplatonismo de Plotino, Pléthon, Vraïlas-Arménis, refletiram sobre a cultura grega e sobre a significação da

---

[15] Anna Keléssidou, *art. cit., passim.*
[16] E. Moutsopoulos, *op. cit..*

Grécia não apenas na perspectiva histórica, de valorização do esplendor do passado, mas da compreensão profunda da perenidade do helenismo, de meditação sobre a Grécia bizantina, de compreensão dos laços entre a Grécia pagã da Antigüidade e a Grécia cristianizada de Bizâncio e da atualidade.

Para essa reflexão, foram importantes tanto o estudo sistemático das fontes bizantinas – arte, religião, filosofia, história –, quanto o idealismo alemão, bem como as obras de Hegel e Schelling, que serviram de ponto de referência para a compreensão do significado da Grécia atual.

Estudiosos da filosofia neo-helênica atestam a ressonância desse momento de renovação cultural, na literatura de Palamas, Cavafys, Sikélianos. Apontam também a obra de Vraïlas-Arménis como paradigmática e precursora do movimento.

Na filosofia mais recente, no século XX, o Grupo de Heidelberg, inspirado pelo neo-kantismo de Rickert, promoveu a meditação sobre a cultura grega e seu significado. Teve como figuras de proa Théodoracopoulos, Tsatos e Kanellopoulos.

É no horizonte dessa efervescência cultural, dessa reflexão sobre o significado e a atualidade do pensamento grego que se inscreve a meditação sobre a cultura de E. Moutsopoulos. Seus estudos sobre Vraïlas-Arménis, a importância que atribui ao Grupo de Heidelberg, sua própria obra, estabelecendo abordagens metodológicas e críticas, levaram-no a examinar a questão da cultura grega e sua perenidade. Entender as relações entre a Grécia do passado, a Grécia medieval e a Grécia moderna, bem como a ressonância e inspiração desse pensamento para nosso mundo, nosso tempo, é o objetivo de seu trabalho monumental, *A Filosofia da Cultura Grega*, ao qual retornaremos adiante.

3. A relevância da contribuição de Moutsopoulos – testemunhos e balanço crítico

Diferentes testemunhos convergem na apreciação da obra de Moutsopoulos como especialmente importante na filosofia grega contemporânea.

Constantina Spantidou, da Universidade de Atenas, aponta-o como introdutor do método estruturalista na Grécia e assinala a importância de sua atuação junto a pesquisadores e estudantes, como orientador[17]; Maria Protopapas-Marnelli, da Academia de Atenas, pôs em relevo, em depoimento pessoal, a amplitude da atuação de nosso pensador, homem universal, sábio que abarca, na sua erudição, filosofia, artes e ciências. Essa dupla dimensão, do pensador e do artista, é examinada respectivamente por K. Christodoulou e Ion Zottos, da Universidade de Atenas.

Zottos[18] mostra a relação intrínseca, na obra de nosso filósofo, entre filosofia e música, filosofia e pintura. Contrastando com a música, extremamente elaborada, a sua pintura é intuitiva e espontânea, atendo-se a paisagens, estruturas, formas, colorido do mundo contemplado em suas múltiplas viagens.

Um aspecto interessante do artigo de Zottos é a correlação que estabelece entre o conceito filósofo chave da obra de Moutsopoulos, o de *kairós*[19], e a sua atuação como músi-

---

[17] Constantina Spantidou, *La carrière do professeur E. Moutsopoulos*, in VV.AA., *Méthexis. Études Néo-platoniciennes présentées au Professeur Evanghélos Moutsopoulos*, Atenas, CIEPA, 1992, p. 17.
[18] Ion ZOTTOS, *Les dimensions artistiques d'Evanghélos A. Moutsopoulos: conceptions et activités*, in op. cit., pp. 22-23.
[19] Id., ibid., p. 22. Ver também C. MARCONDES CESAR, *Le kairós artistique*, Atenas, *Diotima*, n.16, 1988, p. 96-99.

co e pintor, tratando de apreender o fundamento do real no fugidio kairós do mundo, fixando "o mundo exterior como essência e aparência ao mesmo tempo e fazendo 'cantar' a atmosfera que circunda as coisas e na qual estas mergulham"[20]. Retornaremos ao tema adiante, considerando sua significação no âmbito da filosofia da cultura.

Zottos aprofunda sua abordagem em outro texto[21]. Reconhecendo a importância da obra filosófica de Moutsopoulos, pela densidade e extensão, "que lhe assegurou um reconhecimento no plano mundial e uma carreira universitária e acadêmica internacional das mais brilhantes"[22], tratou de evidenciar as características da obra artística de nosso autor. Músico e pintor, Moutsopoulos é membro da Academia Internacional da Filosofia da Arte, da Sociedade Francesa de Musicologia, da União de Compositores Gregos. Suas obras foram executadas na Grécia, na Europa e na América.

Mais uma vez, nesse artigo Zottos mostra a confluência entre música e filosofia na obra de Moutsopoulos, através da noção de kairicidade. No campo da música, a influência da música bizantina foi dominante nas composições iniciais; depois, cada vez mais ocidentalizadas, as composições foram para orquestra, música de câmera, piano, coral, canções; delas flui, no dizer de Zottos, "uma sensibilidade profunda (...) que evoca uma reflexão filosófica pluridimensional"[23].

---

[20] Cf. (17), p. 22.
[21] Ion ZOTTOS, *Evanghélos Moutsopoulos, conceptions et activités artistiques*, in VV.AA., *Du Vrai, du Beau, du Bien*, Paris, Vrin, 1990, p. 26-28.
[22] Id., ibid., p. 26.
[23] Id., ibid., p. 27.

O artigo de K. Christodoulou[24] é um dos mais interessantes sobre a obra de Moutsopoulos. Põe em relevo a correlação filosofia/música e assinala o papel preponderante de uma filosofia da música na obra do nosso autor. Ela fundamenta a afirmação da relevância da contribuição filosófica de Moutsopoulos através da ampla difusão que seu pensamento alcançou, inspirando monografias[25], e mostra como a obra do filósofo, escrita em grego e francês e parcialmente em inglês, é importante para a atual filosofia neo-helênica, abarcando os campos da ontologia, epistemologia, estética, axiologia, filosofia da história e, acrescentamos, da filosofia da cultura.

Christodoulou distingue quatro períodos na filosofia de Moutsopoulos: a) de 1958 a 1964, o período eclético; b) de 1965 a 1974, o período funcionalista; c) de 1974 a 1980, o período estruturalista; d) de 1980 aos dias de hoje, uma reflexão dedicada à filosofia da música. E como fundo comum a todos, a inspiração fenomenológica.

No primeiro período, as influências principais que recebeu foram: Kant, Schopenhauer e Bergson. Anna Keléssidou, da Academia de Atenas, em depoimento pessoal, também assinalou a importância da filosofia bergoniana na reflexão inicial de Moutsopoulos. São desse período: *Em direção a uma fenomenologia da criação*, de 1961, análise do processo criativo; *O pensamento e o erro*, do mesmo ano, que aborda "a problemática do verdadeiro, do errôneo e do falso" e proclama "a liberdade do

---

[24] K.CHRISTODOULOU, *Evanghélos Moutsopoulos: un intinéraire philosophique, in* VV.AA., *Méthexis*, p. 18.
[25] Id., ibid.

homem", valor em si[26]. Os temas da liberdade e da criação são retomados na obra *As categorias temporais e kairícas*, de 1962, na qual aparece pela primeira vez o conceito de *kairós*, tempo favorável que "preside a uma reestruturação intencional da realidade"[27].

A transição para o segundo período, que Christodoulou chama de funcionalista, é marcada pela obra *A consciência do espaço, de* 1969, em que o conceito de *kairós* é aplicado à intencionalidade espacial. São dessa época os escritos *Fenomenologia dos prazeres* e *Fenomenologia dos valores*, ambos de 1967. Abordam o dinamismo da consciência e de suas objetivações, em vista da realização do homem. O texto mais importante é: *As categorias estéticas*, de 1970, no qual os temas de liberdade, intencionalidade e kairicidade são enfocados no âmbito da estética. Pela primeira vez, a noção de *estrutura* aparece conjugada com a idéia de *função*, tornando-se dominante nos anos subseqüentes.

Na opinião de Moutsopoulos, fenomenologia e estruturalismo não são opostos absolutos, mas, antes, o estruturalismo aparece como uma derivação da fenomenologia. A nosso ver, de modo análogo ao de Ricoeur, nosso autor trata de conciliar as contribuições da fenomenologia e do estruturalismo.

Para Christodoulou, o terceiro período é marcado pela publicação da obra *O itinerário do espírito*, cujo primeiro volume aparece em 1974. Nesse livro, o conceito *estrutura* é entendido como elemento de ligação entre forma e essência, "e como disposição das

---

[26] Id., ibid., p. 19.
[27] Id., ibid.

partes de um todo orgânico, entendido como modelo dinâmico que organiza e assegura o processo de (...) passagem da existência à essência"[28]. Para a autora, Moutsopoulos mostra que quando o homem intervém no mundo, pela sua ação, "impõe a este uma reestruturação"[29]. A reestruturação que o conhecimento produz no real põe em jogo, no segundo volume da obra (1975), o exame do verdadeiro e do falso, retomando assim, num nível mais complexo, a temática enfocada na obra de 1962, *O pensamento e o erro*. O terceiro volume de *O itinerário do espírito* vem à luz em 1977 e está centrado na meditação sobre o aspecto dinâmico da noção de estrutura, aplicada à consideração de criatividade e dos valores, à reflexão sobre a história, sobre a liberdade e o ser-mais, a superação constante das situações dadas, em vista de uma realização maior do homem. Aqui, "as noções de estrutura e de modelo, com uma forte conotação musicológica, (...) são aplicadas (...)"[30] à reflexão sobre a Filosofia da História, à História da Filosofia, entendida não apenas como sucessão de sistemas, mas como história das idéias: é "a busca (...) das relações estruturais dos elementos constitutivos dos complexos de pensamentos que formam o essencial da efervescência da consciência humana, da antigüidade a nossos dias"[31].

Essa reflexão desencadeou, na quarta fase do pensamento de Moutsopoulos, a partir de 1980, duas linhas de trabalho: a) *a meditação sobre a filosofia da cultura grega*, esboçada no *A filosofia da Kairicidade* (1980) e aprofundada nos estudos subseqüentes; b) *a constituição de uma filosofia da arte original*, de que *A estética*

---

[28] Id., ibid., p. 20.
[29] Id. ibid.
[30] Id. ibid.
[31] Id. ibid.

de_Brahms (1986-1989) e, acrescentamos, *A realidade da criação* (1991) e *Poiésis e Techné* (1994) são significativos exemplos.

Constantine Niarchos, da Universidade de Atenas[32], pôs em destaque a intensa atividade acadêmica de Moutsopoulos, organizando conferências internacionais, exercendo a presidência de diferentes associações gregas e internacionais, editando as revistas *Diotima* e *Filosofia* e o *Corpus Philosophorum Graecorum Recentiorum*, criando o Centro de Investigações e Conferências de Filosofia em Messênia, fundando o Centro Internacional de Estudos Platônicos e Aristotélicos, editando as obras filosóficas de Vraïlas-Arménis e responsabilizando-se pela edição crítica da tradução da *Suma Teológica*, de Santo Tomás, feita por Cydones.

Há convergência entre os autores quanto a ressaltar a dupla dimensão, artística e filosófica, da obra de Moutsopoulos, bem como a complexidade e amplitude de sua filosofia.

O exame comparativo da cronologia de vida e obra permite-nos reconhecer, em Moutsopoulos, talvez o mais fecundo e universal autor da Grécia contemporânea.

Na sua reflexão, a antiga relação *filosofia/música*, já assinalada nos escritos platônicos, assume um lugar de destaque[33], perpassando a totalidade de seus escritos. Textos originais que expressam essa correlação são: *A música na obra de Platão* (1959), *A filosofia da música na dramaturgia antiga* (1975), *A estética de Brahms* (1986-1989).

---

[32] Constantine G. NIARCHOS, *Evanghélos Moutsopoulos. Life, Word and Style*, *Diotima*, Atenas, n. 17, 1989, p. 10-13.
[33] Ver, a propósito, os textos de Jeanne PARRAIN-VIAL, *Remarques sur la musique et l'Être*, in VV.AA., *Du Vrai, du Bien, du Beau*, Paris, Vrin, 1990, p. 167-170; e Alexandre TÂNASE, *Pladoyer pour une philosophie de la musique*, in op.cit., p. 147-157.

Outros temas recorrentes na filosofia de Moutsopoulos são: a) o de *kairós*[34], que já aparece em 1962 em *As categorias temporais e kaíricas* e emerge continuamente em *A consciência do espaço* (1969), *As categorias estéticas* (1970), *A filosofia da Kairicidade* (1980), *Kairós: Posição e Desafios* (1991), *Variações sobre o tema do Kairós* (2002); b) os de *liberdade* e de *criatividade*, presentes desde 1961, no livro *Em direção a uma fenomenologia da criação* e retomados em *O imaginário em Plotino* (1967), *As categorias estéticas* (1970), *O itinerário do espírito* (1974), *As estruturas do imaginário em Proclo* (1985), *A realidade da criação* (1991); c) o de *valores*, pondo em relevo a relação entre *beleza* e *verdade*, como: *O problema do belo em P. Vraïlas-Arménis* (1960), *Forma e subjetividade na estética de Kant* (1964), *Fenomenologia dos valores* (1967), *As categorias estéticas* (1970), no volume 3 de *O itinerário do espírito* (1977), e em *Poiésis e Techné* (1994).

Esses temas servem de fio condutor para sua meditação filosófica, na qual o diálogo entre o passado e o presente, entre a Antigüidade e a Modernidade, ocorre de modo a consolidar um amplo painel da cultura grega. Na obra de Moutsopoulos, o recurso à tradição platônica e neoplatônica está contraponteado pela referência a Schopenhauer, Kant, Bergson, Husserl, Bachelard e pelo exame e valorização da filosofia neo-helênica na linguagem de Vraïlas-Arménis e Théodoracopoulos.

O pensamento de Moutsopoulos surge, a nosso ver, na Grécia contemporânea, como solução superadora do impasse ente classicismo/romantismo, volta ao passado/assimilação do presente, que já mencionamos anteriormente.

---

[34] Cf. n. 3.

Na linhagem da meditação aberta pelos construtores da nacionalidade, como Vraïlas-Arménis e Thédoracopoulos, cujas obras Moutsopoulos conhece bem, promovendo, como sabemos, a monumental edição crítica das obras do primeiro, e editando estudo em Nova York sobre sua obra, bem como fazendo resenhas de vários escritos de Thédoracopoulos, Tsatos, Kanellopoulos, na *Bibliographic Internationale de la Philosophie* e na revista *Diotima*, é que devemos compreender a reflexão moutsopouliana sobre a cultura grega.

Elementos constitutivos dessa cultura seriam a valorização do homem, da liberdade, da beleza e do conhecimento. Compreender essa herança e a permanência desses valores é o objetivo de seus estudos sobre história da filosofia e filosofia da história.

Os inúmeros congressos de que participou, a incessante atuação como professor e pesquisador em diferentes centros de excelência, a enorme produção de livros, artigos, comunicações, resenhas, a atividade cultural que desenvolve em muitas associações científicas das quais é membro ativo ou fundador, tornam Moutsopoulos talvez o mais significativo dos pensadores gregos atuais. A ressonância internacional de sua obra, publicada originalmente em grego e em francês e parcialmente em inglês, traduzida em diferentes idiomas – português, espanhol, romeno – tornam-no um dos mais interessantes filósofos contemporâneos.

Seu pensamento atesta a vitalidade do filosofar grego, desde o esplendor antigo até nossos dias. Sua filosofia trata de *mostrar*, na meditação sobre a cultura, e perenidade e importância da filosofia helênica, e de *criar* um método novo de estudos de história da filosofia, que permite o afluxo, para nós, dessa grande tradição[35]. Trata-se de buscar, na permanência de seus temas e valores, novos caminhos, novas alternativas para o homem contemporâneo.

4. Moutsopoulos: cronologia de vida e obra

VIDA	OBRA
1930	– Nascimento em Atenas, aos 25 de janeiro – Formação em Filologia, Filosofia, Composição e Música, em Atenas – Mestrado em Filosofia, em Atenas
1954	– Estudos de Filosofia e Música na Universidade de Paris (Composição musical com J. Berghmans e Musicologia com J. Chailley)
1958	– Doutor em Letras, por Paris – Professor Associado em Aix-Marseille
1958	– *Dialética da vontade na estética de Schopenhauer*
1959	– Participação no congresso comemorativo do centenário de Bergson, em Marseille
1959	– *A música na obra de Platão*
1960	– Prêmio da Associação dos Estudos Gregos, de Paris

---

[35] Constança MARCONDES CESAR, *La Grèce comme inspiration*, Atenas, Sociedade Helênica de Estudos Filosóficos, *Diotima*, n. 30, 2002, p. 181-184.

	– Participação no Congresso Internacional de Estética, em Atenas
1960	– *O problema do belo em P. Vraïlas-Arménis*
1961	– Participação no Colóquio da Fundação Européia de Cultura, em Toulouse 1961 – *Conhecimento e erro*
	– *Em direção a uma fenomenologia da criação*
1962	– Participação no Congresso em homenagem a Gaston Berger, em Aix-em-Provence
1962	– *A crítica do platonismo em Bergson*
	– *Introdução à Filosofia*
	– *Introdução à Teoria do Conhecimento*
	– *Introdução à Lógica*
	– *As categorias temporais e kaíricas*
1963	– Professor na Universidade de Tessalônica
	– Participação no XIII Congresso Internacional de Filosofia, no México
	– Participação no I Congresso sobre as Ilhas Jônicas, em Corfu
1963	– *Funções noéticas e dinamismo da consciência*
	– *Teoria da razão*
	– *Teoria da vontade*
	– *Introdução à Psicologia*
	– *A imaginação formativa*
1964	– Participação no XII Congresso da ASPLF, em Bruxelas
	– V Congresso Internacional de Estética, em Amsterdã

1964	– *Forma e subjetividade na estética de Kant*
1965	– Professor na Universidade de Tessalônica
1966	– Participação no VIII Encontro de Cultura Européia, em Bolzano
1967-1968	– Colaboração de ensino e pesquisa em Princeton, Instituto de Estudos Avançados – Participação na XXV Conferência Nacional de Estética, em Princeton – Participação no IV Congresso Internacional Medieval em Montreal
1967	– *Fenomenologia dos Prazeres* – *O imaginário em Plotino* – *Intencionalidade da consciência e valores. Fenomenologia dos Valores*
1968	– Colaboração de ensino e pesquisa junto ao CNRS, em Paris – Participação no XVIII Congresso G. Budé, em Paris – Participação no VI Congresso Internacional de Estética, em Upsala
1969	– Professor na Universidade de Atenas – Participação no XIV Congresso da ASPLF, em Nice – Participação no IX Encontro de Cultura Européia, em Bolzano – Fundador e diretor do *Corpus Philosophorum Graecorum Recentiorum*

1969	– *A consciência do espaço*
1969-1978	– Edição crítica das *Obras Filosóficas* de P. Vraïlas-Arménis (7 volumes, em colaboração)
1970	– Participação no II Congresso de Estudos do Sudeste Europeu, em Atenas
	– Participação no Encontro Internacional sobre o Futuro, em Perugia
	– Participação na Primeira Semana sobre Heptneso, em Corfu
	– *As categorias estéticas*
1971	– Participação no II Congresso Nacional de Filosofia, em Córdoba
	– Participação no XV Congresso da ASPLF, em Montreal
	– Participação no Congresso Internacional de Estudos Bizantinos, em Bucareste
	– Participação no IV Congresso Internacional de Lógica, Metodologia e Filosofia da Ciência, em Bucareste
1971	– *Questionamentos Filosóficos*, vol. 1 (conhecimento e criação)
1972	– Colaboração na Universidade de Arkansas
	– Participação no I Congresso Internacional de Filosofia da Cultura Grega, em Eritréia
	– Presidente da Liga Franco-Helênica
1972	– *O conhecimento e a ciência*
1973	– Colaboração de ensino e pesquisa na Universidade Emery, em Atlanta
	– Colaboração na Universidade Internacional Menendez Pelayo, Espanha

- Participação no II Congresso Internacional de Estética, em Bucareste
- Participação na Conferência da Sociedade Filosófica Americana, em Seatlle
- Participação na Conferência da Sociedade Filosófica da Geórgia
- Participação no V Congresso Internacional de Filosofia Medieval, em Madri
- Participação na I Conferência Internacional de Estudos Neoplatônicos, em Richmond
- Participação na Conferência da Sociedade Filosófica de Arkansas
- Participação na Conferência de Estudos Avançados, em Columbus
- Participação no II Congresso de Filosofia e de Cultura Grega, em Skiatos
- Participação no XV Congresso Mundial de Filosofia, em Varna
- Participação no VII Congresso sobre Cibernética, em Namur
- Participação n I Congresso sobre Chipre, em Nicosia
- Membro fundador e presidente da Sociedade Helênica de Estudos Filosóficos e Sociedade Filosófica Grega
- Fundador e Diretor da revista *Diotima*

1974
- Participação no Congresso Internacional santo Tomás de Aquino, em Roma/ Nápoles

	– Participação no XIV Congresso Internacional de História das Ciências, em Tóquio
	– Participação no XVI Congresso da ASPLF, em Reims
	– Participação no III Congresso Internacional de Estudos do Sudeste Europeu, em Bucareste
	– Participação na I Semana Internacional de Filosofia, em Petrópolis
	– Participação no Congresso Internacional Boaventura, em Roma
	– Participação no Congresso Internacional Tomás de Aquino, em Bari
	– Presidente da União Científica Franco-Helênica
1974	– *Petros Vraïlas-Arménis*
	– *O itinerário do espírito*, vol. 1 (Os seres)
1975	– Participação na XXV Conferência do Conselho de Colaboração Cultural, em Estrasburgo
	– Participação na Conferência Internacional da Sociedade de Filosofia Husserliana e Fenomenológica, em Friburgo
	– Participação na Conferência Internacional A. Muñoz Alonso, em Madri
	– Participação no V Congresso Internacional de Lógica, Metodologia e Filosofia das Ciências, em Londres, Ontário
	– Participação no Congresso Internacional sobre o Neoplatonismo, em Corfu
	– Participação no I Encontro Internacional de Filosofia Mediterrânea, em Lecce

	– Membro fundador e presidente da Fundação de Pesquisa e de Edições de Filosofia Neo-Helênica
1975	– *A filosofia da música na dramaturgia antiga* – *O itinerário do espírito*, vol. 2 (As idéias)
1976	– Reitor da Universidade de Atenas e cargos associados à Reitoria, até 1979

– Participação no Colóquio *Méléte Thanatou*, em Esparta
– Participação no colóquio Métodos em Pascal, em Clermont-Ferrand
– Participação na III Semana Internacional de Filosofia, em Salvador
– Participação no XVIII Congresso Internacional de Estética, em Darmstadt
– Participação no XV Congresso Internacional de Estudos Bizantinos, em Atenas
– Participação no Congresso Internacional Teoria e Práxis, em Gênova/Barcelona
– Participação na I Semana Internacional de Filosofia da Arte, em Cefalônica
– Participação no II Congresso Internacional sobre Neoplatonismo, em St. Catherines, Ontário
– Membro fundador e presidente do Collegium Academicum Universale Philosophiae

1977 – Conferências em Cracovia e Sofia
– Participação no Seminário de História e Filosofia da História, em Nicósia

- Participação no XXIII Encontro Europeu, em Berlim
- Participação no XXXII Encontro do Centro de Estudos Filósofos de Gallarate
- Participação no XVII Congresso da ASPLF, em Abidjan
- Participação no VI Congresso Internacional de Filosofia Medieval, em Bonn
- Participação no V Congresso Internacional de Crítica do Teatro, em Atenas
- Participação na Semana *Nostos de Ulisses*, em Ítaca
- Participação na Conferência da Sociedade Internacional de Metafísica, *Man and God*, em Jerusalém
- Participação na Conferência Panafricana de Filosofia, em Cartoum
- Participação na III Semana Internacional de Filosofia da Cultura Grega, em Chios
- Participação no Colóquio de Estudos Mediterrâneos, em Rodes
- Participação no Colóquio Internacional *A crise da Cultura*

1977 — *O itinerário do espírito*, vol. 3 (Os valores)

1978
- Conferências em Varsóvia e Benares
- Participação na IV Semana Internacional de Filosofia, em Curitiba
- Participação no Congresso Afro-Asiático de Filosofia, no Cairo

- Participação no Congresso Internacional sobre Aristóteles, em Tessalônica
- Participação no Congresso Internacional sobre Criatividade e Vida Social, em Varsóvia
- Participação no Congresso Mundial de Filosofia, em Düsseldorf
- Participação no Colóquio Internacional Jornadas Pitagóricas, em Atenas
- Participação no Encontro Internacional sobre Aristóteles, em Paris (UNESCO)
- Participação no Encontro Internacional sobre Aristóteles, em Sofia
- Participação na Semana Internacional sobre o Helenismo, em Norfolk

1978
- *Conformismo e deformação*
- *Questionamentos filosóficos*, vol. 2 (retrospectivas e reestruturações)
- *O pensamento pré-socrático*
- *O pensamento escolástico*

1979
- Eleito Membro correspondente do Instituto de France
- Colaboração de ensino e pesquisa na Universidade de Düsseldorf
- Participação no Encontro Filosófico Internacional, em Düsseldorf
- Participação no Encontro Internacional Filosófico, em Rabat e Fez
- Participação nas Jornadas Filosóficas Mediterrâneas, em Palermo

- Participação no Colóquio Internacional de Filosofia, no Rio de Janeiro
- Participação no Encontro de Reitores das Universidades Européias, em Helsink
- Participação no Congresso Internacional Cristandade e Vida Social, em Sofia
- Participação no Congresso Internacional de Estudos Clássicos, em Budapeste
- Participação no Colóquio Internacional de Estética, em Cracovia
- Participação na II Semana Internacional de Filosofia de Arte, em Samos
- Participação no I Congresso Internacional de Filosofia, em Córdoba
- Participação no Congresso Nacional de Filosofia, em Berlim
- Membro e depois presidente do Comitê Consultivo para o Ensino Superior na Europa (UNESCO)
- Membro do Comitê Diretor da Federação Internacional das Sociedades de Filosofia

1980
- Prêmio Energeia, do Ateneu Filosófico de Londres
- Conferências em Hamburgo e Nova York
- Colaboração de ensino e pesquisa com a Universidade Católica da América (Washington)
- Participação no Congresso Internacional de Filosofia Mediterrânea, em Lecce
- Participação na Conferência da Sociedade Internacional de Metafísica, em Londres

- Participação na Conferência Balcânica de Filosofia, em Varna
- Participação no XVII Congresso da ASPLF, em Estrasburgo
- Participação no IX Congresso Internacional de Estética, em Dubrovnick
- Participação no Congresso Internacional sobre os Direitos do Homem, em Ankara
- Participação no Congresso Internacional sobre Aristarco, em Samos
- Participação no Colóquio Internacional de Filosofia, em Guadalajara (México)
- Participação na III Conferência de Filosofia, no Cairo
- Participação nas Jornadas Filosóficas Mediterrâneas, em Palermo
- *O problema do imaginário em Plotino*
- *Filosofia da Kairicidade*

1981
- Colaboração de ensino e pesquisa na Universidade de Montreal, na Universidade de Genebra, na Fundação Hardt de Genebra
- Conferências em Norfolk, Colônia, Otawa, Laval, Québec, Newfoundland, Lausanne, Neuchâtel
- Participação na VI Semana Internacional de Filosofia, no Rio de Janeiro
- Participação na Celebração do Centenário de C. G. Jung, em Atenas
- Participação no XVI Congresso Internacional de Estudos Bizantinos, em Viena

- Participação na Conferência Internacional de Filosofia, em Irving (Texas)
- Participação no Congresso Internacional de Filosofia, em Tallahasse

1982
- Conferência nas Universidades de Sofia e Belgrado
- Participação no Congresso Internacional sobre Hegel, em Atenas
- Participação no Colóquio sobre *Le malade mourant*, em Tessalônica
- Participação no Colóquio sobre a Filosofia de J. N. Théodoracopoulos, em Atenas
- Participação na Conferência Internacional sobre *Progresso e Cultura*, em Sofia
- Participação no Colóquio Benjamin de Lesbos, em Mitilene
- Participação no Colóquio Internacional sobre Eurípedes, em Agrigento
- Participação no Encontro Internacional Deus e a História, em Estoril
- Participação no Congresso Internacional de Estudos Clássicos, em Praga
- XIX Congresso ASPLF, em Bruxelas
- Participação na Semana Internacional de Filosofia da Cultura Grega, em Kalamata
- Participação no Congresso Internacional de Filosofia em Chieti
- Participação no Encontro de Reitores das Universidades Européias, em Belgrado

- Participação nos Encontros Filosóficos Europalia, em Bruxelas
- Participação no VIII Simpósio Internacional sobre Wittgenstein, em Kichberg am Wechsel
- Participação nas Jornadas Filosóficas Mediterrâneas, em Palermo

1983
- Conferências na Universidade Santo Domingo
- Participação no Encontro Internacional sobre Kazantzakis, em Würszbourg
- Participação no I Congresso Pan-helênico de Filosofia, em Atenas
- Participação no Congresso Internacional de Cultura Européia, em Bolzano
- Participação no XVII Congresso Mundial de Filosofia, em Montreal
- Participação no Congresso Internacional sobre Demócrito, em Xhanti
- Participação no Colóquio Internacional Música e Filosofia, em Dijon
- Participação na Conferência Internacional *God: Experience or origin?*, em Porto Rico

1984
- Membro fundador e presidente do Centro Internacional de Estudos Platônicos e Aristotélicos
- Eleito membro da Academia de Atenas
- Fundação da revista *Filosofia*, da qual é diretor
- Participação no Encontro Filosófico Internacional, em Atenas

- Participação na Conferência Internacional de Estética, em Cracovia
- Participação na Conferência Internacional sobre Filosofia e Religião, em Roma
- Participação no Congresso Internacional de Filosofia, em Seul
- Participação no X Congresso Internacional de Estética, em Montreal
- Participação no XX Congresso da ASPLF, em Troi-Rivières
- Participação nas Conversações de Oxford, do Instituto Internacional de Filosofia
- Participação na III Semana Internacional de Filosofia da Arte, em Corfu
- Participação na Conferência Internacional de Filosofia e Religião, em Como
- Participação na Conferência Internacional "O pensamento filosófico no Século das Luzes", em Paris (UNESCO)
- Participação na Conferência Internacional "A Estética de Watteau", em Paris
- Membro do Instituto Internacional de Filosofia

1984
- *Questionamentos Filosóficos* vol. 3 (Vivências e Ações)

1985
- Participação no Seminário Internacional "As Religiões do Mundo", em Nova York
- Participação no Congresso Internacional sobre a Filosofia do Helenismo, em Creta
- Participação na Conferência Internacional "O Homem na era da tecnologia", em Atenas

- Participação nas Conversações de Palermo, do Instituto Internacional de Filosofia
- Membro fundador e presidente do Centro Internacional de Estudos sobre a Religião Grega Antiga
- Pesquisas e ensino na Universidade de Hamburgo
- Conferências em Lausanne e Dijon
- Participação no Congresso Internacional "Neoplatonismo e Helenismo", em Esparta
- Participação no Congresso Internacional "Ronsard e a Grécia", em Delfos
- Participação no Congresso Internacional de Filosofia da Medicina, em Lyon
- Participação na Conferência Internacional sobre Filosofia e Religião, em Bad-Wimpfen
- Participação no Congresso Internacional sobre Filosofia Grega em Dakkar

1985 – *Deus. Experiência ou origem?*
– *As estruturas do imaginário em Proclo*

1986 – Conferências na Universidade de Toulouse
- Participação no Congresso Internacional de Filosofia da Paz, em Varsóvia
- Participação no Encontro Internacional sobre a Cultura, em Istambul
- Participação na Semana Mediterrânea de Filosofia, em Palermo
- Participação no Congresso Internacional da Paz, em Moscou
- Participação no Congresso Internacional de Filosofia, em Oslo

- Participação no XXI Congresso da ASPLF, em Atenas
- Participação na Conferência Internacional sobre Filosofia, em Istambul
- Participação nas Conversações de Atenas, do Instituto Internacional de Filosofia
- Participação no Congresso Internacional de Filosofia sobre *A Aparência*
- Participação no Congresso Internacional sobre Filosofia Cristã, no México
- Participação na Conferência Internacional de Filosofia, da Academia Internacional de Filosofia, em Liechtenstein
- Participação no Colóquio sobre Kazantzakis, em Herakleion
- Participação no Colóquio Internacional sobre Aristóteles, em Roma
- Participação na Mesa Redonda sobre Aristóteles, em Atenas
- Participação no Colóquio Internacional sobre Filosofia Grega, em Atenas

1987-1988 — Pesquisas e ensino na Universidade Paris I (Sorbonne)

1987
- Participação no Colóquio Filosófico, em Nicósia
- Semana Mediterrânea de Filosofia, em Palermo
- Congresso Internacional sobre o Pensamento Antigo, em Nice

- Conferência Internacional sobre Filosofia e Religião, em Chexbres
- Colóquio da ASPLF, em Paris
- XII Simpósio Internacional sobre Wittgenstein, em Kirschberg
- Congresso Internacional sobre Lógica, Epistemologia e Filosofia da Ciência, em Moscou
- Conferência Internacional sobre Filosofia da Arte Chinesa, em Manilla
- II Congresso da Academia Internacional da Filosofia da Arte, em Madri
- Congresso Internacional Extracordinério de Filosofia, em Córdoba (Argentina)
- Conferência Internacional sobre Cultura Européia, em Dubrovnick
- Colóquio Internacional sobre Filosofia Grega, em Messina
- Conferência Internacional sobre o Helenismo, em Londres
- Colóquio Internacional sobre a Pluridisciplinaridade no estudo da Religião Grega antiga, Atenas
- Participação no Colóquio da ASPLF, em Paris
Participação no XII Simpósio Internacional Wittgenstein, em Kirchberg
- Participação no Congresso Internacional sobre Lógica, Epistemologia e Filosofia da Ciência, em Moscou
- Participação na Conferência Internacional sobre Filosofia da Arte Chinesa, em Manila

- Participação no Congresso Internacional Extraordinário de Filosofia, em Córdoba (Argentina)
- Participação na Conferência Internacional sobre Cultura Européia, em Dubrovnick
- Participação no Colóquio Internacional de Filosofia Grega, em Messina
- Participação na Conferência Internacional sobre Helenismo, em Londres
- Participação no Colóquio Internacional sobre– A Pluridisciplinaridade no Estudo da Religião Grega Antiga, em Atenas

1988
- Conferências nas Universidades de Eichstett, Bamberg, Bolonha, Lecce
- Participação em Congressos: da Sociedade Mediterrânea de Filosofia, em Palermo
- Conferência Internacional sobre Ciência e Filosofia, em Delfos
- XVIII Congresso Mundial de Filosofia, em Brighton
- XXII Congresso da ASPLF, em Dijon
- Congresso Internacional Montaigne e a Grécia, em Kalamata
- Congresso Internacional Filosofia e Linguagem em Valéry, Grenoble
- Encontros de Brighton do Instituto Internacional de Filosofia
- Conferência Internacional Filosofia e Estética em G. Marcel, Paris

- Congresso Internacional sobre Valores Absolutos, em Los Angeles
- Conferência Mediterrânea de Filosofia, em Tânger

1989
- Recebe o Grande Prêmio da Academia Francesa
- Eleito Membro da Academia Brasileira de Filosofia, da Academia de Letras e Artes de Nápoles e membro correspondente da Academia de Toulouse
- Conferências nas Universidades de Palermo e Nápoles
- Fundação e presidência da Associação Internacional Cosmos e Filosofia, em Creta
- Participação no II Colóquio Internacional sobre a Religião Grega Antiga, Liège
- XXX Congresso Nacional da Sociedade Filosófica Italiana, Messina
- XII Semana Filosófica Mediterrânea, em Palermo
- O Milagre Grego, em Nice
- A interpretação da obra de arte, Kalamata e Messênia
- III Congresso Mundial de Filosofia Cristã, em Quito
- Problemas de Epistemologia, FISP, em Ankara
- Espaço Cósmico e Filosofia, em Creta
- Colóquio Filosófico Europeu, em Veneza
- Colóquio sobre a Liberdade, em Katamata/Messênia
- Colóquio sobre o Estoicismo, em Nicósia
- Colóquio Filosófico Europeu, em Budapeste

1989	– *A estética de Brahms*, vol. 2
1990	– Participação no Congresso Internacional sobre a Finalidade, em Pamplona
	– Organização do Congresso 2.500 anos de Democracia, Atenas
1991	– Conferências na Universidade do México
1991	– *Filósofos do Egeu*
	– *A realidade da criação*
	– *Kairós, Posição e Desafios*
1992	– Prêmio da Academia Francesa para a difusão da língua Francesa (Paris)
1994	– *Poiésis e Techné*
	– *Percurso de Proclo*
1998	– Membro da Academia Europea Scientiarum et Artium (Viena)
1998	– *Filosofia da Cultura Grega*
1999	– Congresso Mundial de Filosofia em Boston
	– Congresso da ASPLF, em Québec
2000	– Prêmio Herder, em Viena
2002	– Presidência do Congresso da Associação Cosmos e Filosofia e do Colóquio Natureza, Cultura e Sociedade em Campinas/São Paulo
2002	– *Variações sobre o tema de Kairós*
2003	– Congresso da Associação Cosmos e Filosofia, Clermont-Ferrand
	– *Estrutura, presença e funções do kairós em Proclo*

Doutor H. C. da Universidade da Provença, de Nice, de Toulouse e de outras.

Membro de diversas academias nacionais na França, no Brasil, na Itália, na Rússia, na Bulgária.

Comandante da Legião de Honra da França, Legião de Honra do México; Ordem do Mérito, na Itália e Ordem da Fênix, na Grécia.

Participou de e apresentou comunicações em mais de 500 congressos internacionais, vários dos quais organizou.

Dirige um seminário pessoal da Filosofia desde 1980.

Apresentamos, no quadro comparativo de vida e obra, apenas um resumo da vasta produção de nosso autor. Para um estudo mais detalhado, pode-se consultar o artigo de Constantina Spantido e a lista de publicações apresentada por Ion Zottos, em *Méthexis,* e a lista de publicações de Jean-Marc Gabaude, em *Philosophie.*

2

A Grécia como inspiração

O pensamento neo-helênico encontra na obra de E. Moutsopoulos sua mais importante expressão. Esse filósofo, nascido em Atenas em 1930, doutor em Letras por Paris em 1958, antigo professor na Universidade Aix-em-Provence e na Universidade de Tessalônica (1965), foi professor na Universidade de Atenas desde 1969 e seu reitor em 1977. É membro da Academia de Atenas, do Instituto Internacional de Filosofia, do Colégio Acadêmico Universal de Filosofia e de muitas outras instituições. É presidente de diversas associações de Filosofia Neo-helênica e fundador e diretor da revista *Diotima,* publicada em Atenas. Os campos da estética e da ontologia, da antropologia filosófica, da história da filosofia e da axiologia estão implicados no conjunto de suas investigações. O humanismo de Moutsopoulos tem como fulcro a noção de *kairós,* reatualizada e enfocada como categoria espacio-temporal. *Kairós* significa, em nosso filósofo, o instante propício por excelência, em que a busca de um ser-mais se exprime pela adequação entre verdade/realidade/valor, na vida humana.

Um dos campos privilegiados em que se desenvolve a meditação de Moutsopoulos é a reflexão sobre a cultura grega. A filosofia da cultura é, nele, um esforço de compreensão do significado e do alcance atual da herança grega. Esta filosofia da cultura grega é uma disciplina nova que tem como tarefa "proceder à avaliação dos problemas filosóficos, rigorosamente tradicionais, que uma abordagem da cultura grega torna evidentes, e relacioná-los entre si"[36]. A fenomenologia e o estruturalismo acham-se na origem desta reflexão, assim como as meditações sobre a história da filosofia de Mario dal Pra e de Lucien Braun. A noção de "novo espírito científico" e o método histórico-crítico bachelardianos são utilizados por Moutsopoulos a fim de examinar a filosofia de história da filosofia. Enfim, o modelo de cultura grega proposto por Jaeger serve-lhe também de inspiração.

É pela meditação sobre as diferentes contribuições oferecidas por essas fontes filosóficas que Moutsopoulos chega a compreender a cultura como processo de estruturação contínua e de reformulação de sistemas de valores[37]. Trata-se, pois, em primeiro lugar, para nosso filósofo, de esclarecer o termo cultura; depois, de compreender a especificidade da cultura grega. O que a Grécia antiga nos legou como herança é uma concepção do homem e do destino humano: "'a particularidade' desta cultura consiste, além de todo particularismo, numa concepção universalista do mundo e das sociedades humanas"[38]. Ela aparece na realização de um tipo de expressão do ser humano, que valoriza a liberdade e o significado de pessoa humana e, finalmente, o poder criador do homem. Esta atividade criadora se exprime na arte grega: na dança, na poesia, na arquitetura, na música, nas

---

[36] E. Moutsopoulos, Prolégomènes à la philophie de la culture grecque, *Philosophie de la Culture Grecque*, Atenas, Academia de Atenas, 1998, p. 18, n. 3.
[37] Id., ibid., p. 16.
[38] Id., ibid., p. 17.

artes plásticas. A tragédia, por exemplo, realizando a transestruturação do mito, provoca a libertação do homem, a despeito de sua fragilidade. A escultura desencadeia esta libertação mediante a celebração da beleza. A filosofia é o próprio exercício de liberdade enquanto investigação "autônoma do significado do mundo e do valor"[39]. O pensamento grego teve ressonância em toda a história da filosofia do Ocidente durante a Idade Média e nos pensamentos moderno e contemporâneo.

O estudo desta nova disciplina, que Moutsopoulos trata de esboçar, foi objeto de uma primeira abordagem durante a Semana de Filosofia da Cultura Grega, ocorrida em Chios, em 1977[40]. O objeto, os princípios e os métodos de investigação da filosofia da Cultura Grega foram estabelecidos num importante estudo de Moutsopoulos, Prolegômenos à Filosofia da Cultura Grega, apresentado em Kalamata, durante a Segunda Semana Internacional de Filosofia da Cultura Grega[41]. E em 1990, em Delfos, a Terceira Semana Internacional de Filosofia da Cultura Grega teve como tema o estoicismo e a cultura. A filosofia da cultura grega tem como objetivo a promoção do estudo da filosofia grega antiga, medieval, moderna e contemporânea e da repercussão desta filosofia na cultura européia e em outras culturas, bem como o exame da cultura grega enquanto cultura-paradigma e enquanto critério axiológico para avaliação da crise do mundo atual.

---

[39] IDEM, Culture méditerranéenne, culture européenne: le ferment grec, *op. cit.*, p. 389. É preciso dar atenção à relação entre a arte e a filosofia, na obra de Moutsopoulos. Retornaremos ao tema.

[40] As atas desta Primeira Semana Internacional foram publicadas em Atenas, nos volumes 7 e 8 de *Diotima*, 1979 e 1980, pela Sociedade Helênica de Estudos Filosóficos.

[41] As Atas desta Semana foram publicadas nos volumes 12 e 13 de *Diotima*, 1984 e 1985.

A amplitude desta disciplina e seu caráter sintético fizeram destas investigações um ponto de encontro e de convergência das contribuições de diferentes disciplinas tradicionais: a história das idéias, a história da cultura, a história da filosofia, a filosofia da história, as ciências filológicas. Seu objeto é "a apreciação, no plano axiológico, do passado da cultura grega (...), a definição de suas incidências sobre o estudo presente de toda cultura que se reclama dela e o estabelecimento das condições de sua sobrevivência e de sua renovação"[42].

Diversamente da filosofia da história, que estuda a trajetória da humanidade através dos séculos, a nova disciplina acentua a importância da sobrevivência da cultura grega, para o homem de hoje e de amanhã. Trata-se de mostrar que a cultura européia é um produto e um prolongamento da cultura grega, que religa o presente da cultura européia a seu passado e que permite, assim, a realização do ser humano e a compreensão de sua universalidade e de seu destino. A realização desse programa de investigações, escreve Moutsopoulos, poderia ser colocada sob a égide de uma Fundação dedicada ao estudo das fontes da cultura européia, sediada na Grécia. Esta instituição poderia promover a investigação dos fundamentos gregos do pensamento antigo, medieval, moderno e contemporâneo, no Ocidente. Esse programa já está sendo realizado, em certa medida, pelo Centro de Investigação sobre a Filosofia Grega da Academia de Atenas, sob a direção do Professor Moutsopoulos. A meditação sobre a cultura grega e sobre sua influência em nosso mundo é capaz de pôr em relevo o valor do homem. Pode-se dizer que

---

[42] E. Moutsopoulos, Prolégomènes..., *op. cit.*, p. 20, n. 1.

esta valorização da pessoa humana, esta compreensão universalista do sentido da vida, esta orientação em direção ao futuro são as principais possibilidades da filosofia grega tradicional.

A influência da cultura grega propagou-se através da Europa, do Oriente Médio e do Norte da África, graças à difusão de uma língua universal e de um pensamento teórico que traduziram, em toda a parte, os valores eternos que ela veiculou. A filosofia da cultura grega apóia-se em princípios e métodos já estabelecidos. Esses princípios, permanecendo uma disciplina estritamente filosófica, são o esforço para superar o historicismo e o tecnicismo, e "a necessidade de controlar toda tendência e consideração que extrapole os problemas"; são a harmonização dos diferentes aspectos das disciplinas que contribuem para o nascimento da disciplina em questão[43]. Os métodos desta nova disciplina são os seguintes: a) o método histórico; b) os métodos comparativo e dialético; c) o método estrutural; d) os métodos hermenêutico e axiológico. É recorrendo "a todos esses métodos ao mesmo tempo, que se completam sem se contradizer"[44], que a disciplina em questão poderá desabrochar. A obra de Moutsopoulos, filósofo, compositor e pintor[45], segue a antiga tradição que faz da filosofia uma "arte das Musas", "a música suprema". É um exemplo da nova disciplina que ele próprio esboçou. O enorme leque de suas publicações[46] mostra que seu itinerário intelectual sempre foi orientado

---

[43] Id., ibid., p. 21, n. 1.
[44] Id., ibid., p. 22, n. 1.
[45] Cf. ZOTTOS, Les dimensions artistiques d' Évanghélos Moutsopoulos: conceptions et activités, in *Méthexis*, Atenas, C.I.E.P.A., 1992, p. 22-23; CHRISTODOULOU, Évanghélos Moutsopoulos: un itinéraire philosophique, *ibid.*, p. 18-21.
[46] Cf. *Ibid.*, p-24-26; cf. também GABAUDE, Éléments de bibliographie, *Philosophie*, vol. IX, Toulouse, Univ. De Toulouse le-Mirail, 1983, p. 93-96.

para a busca de pensar a Grécia, sua cultura e sua dinâmica criadora, enquanto inspiração para a meditação filosófica.

O livro de Moutsopoulos, *Filosofia da Cultura Grega*, resume textos escritos em francês e publicados em diversas revistas e Atas de congressos. Dividido em sete partes, apresenta um grande quadro histórico do pensamento grego: antes de Platão, em Platão, em Aristóteles, depois de Aristóteles. Enfoca a herança platônica, sobretudo em Proclo e Dionísio Areopagita. Mostra a presença de Platão e Aristóteles na filosofia bizantina e examina a repercussão dos mestres da Antigüidade no pensamento de Psellos e de Demétrio Cidônio. A última parte da obra concerne ao pensamento neo-helênico e a alguns de seus representantes, C. Paparrigopoulos e P. Vraïlas-Armênis[47]. É preciso sublinhar, nesta última parte de seu livro, os capítulos dedicados ao estudo de permanência da cultura grega no universo europeu e ao exame do fermento grego na cultura mediterrânea e na cultura européia.

São principalmente as fontes platônicas e neo-platônicas que se acham representadas nos escritos de Moutsopoulos, a despeito do conhecimento profundo que tem da filosofia de Aristóteles e de outros autores. Encontramos a meditação sobre as relações entre a filosofia e a música em: *A música na obra de Platão*[48]; *A filosofia da música na dramaturgia antiga*[49]; *A crítica*

---

[47] Moutsopoulos publica estudos sobre Vraïlas-Armênis em Aix-en-Provence, ed. Ophyvis, 1960 *(Le problème du beau chez P. Vraïlas-Armênis)* e em Nova York, ed. Twayne, 1973 *(Petros Vraïlas-Armênis)*. Foi também o responsável pela publicação, no Corpus Philosophorum Graecorum Recentiorum, das *Obras filosóficas de P. Vraïlas-Armênis*, em 7 volumes, em colaboração com diferentes pesquisadores gregos.
[48] Paris, P.U.F. 1959; 2ª edição, Paris, P.U.F., 1989.
[49] Atenas, Hermès, 1975.

*do platonismo Bérgson*⁵⁰; *O problema do imaginário em Plotino*⁵¹; *As estruturas do imaginário na filosofia de Proclo*⁵². Essas obras atestam o vai-e-vem entre a meditação antiga e a meditação contemporânea, característica do método de Moutsopoulos.

Seu livro *Kairós. A posição e o desafio*⁵³ reúne textos apresentados ao longo de muitos congressos. Esses textos se referem à noção de *kairós*, retomada por Moutsopoulos e estudada segundo ângulos diferentes: a perspectiva ontológica (ser e *kairós*); a perspectiva antropológica (consciência e *kairós*); a perspectiva estética (arte e *kairós*). De um lado, esses estudos testemunham a permanência do interesse de nosso pensador pelo tema da cultura grega, bem como a atualidade e a originalidade de sua contribuição; de outro lado, apresenta-nos um dos eixos de investigação mais fecundos do autor, o que lhe valeu a qualificação de "filósofo da kairicidade"⁵⁴. Outra reunião de textos, *Poiésis e Techné*⁵⁵, apresenta a filosofia da arte de nosso pensador. Esses escritos estão estreitamente ligados à obra precedente *Kairós. A posição e o desafio* e a *Filosofia da Kairicidade*⁵⁶, bem como à *Realidade da Criação*⁵⁷. A meditação sobre a verdade na arte, a inspiração na música (v.g. *Logos mousikos. Ensaio de*

---

⁵⁰ Paris, Vrin, 1970; 2ª ed., 1977.
⁵¹ Paris, Vrin, 1980.
⁵² Paris, Les Belles Lettres, 1985.
⁵³ Paris, Vrin, 1991.
⁵⁴ J-M. GABAUDE, Dinamisme structuraliste/conscientialiste d'Évanghélos Moutsopoulos, Toulouse,*Philosophie*, IX, Université de Toulouse-le-Mirail, 1983, p. 77-96; K.CHRISTODOULOU, *art. cit.*, p. 18-21, n. 10; ZOTTOS, *art. cit.*, p. 22-23, n. 10; C. MARCONDES CESAR, Kairós, *Papéis Filosóficos*, Londrina, UEL, 1999, p. 15-20.
⁵⁵ Montréal, ed. Montmorency, 3 vols., 1994.
⁵⁶ Atenas, Cardamizza, 1984.
⁵⁷ Nova York, Paragon, 1991.

ontologia musical)⁵⁸, a temática de *kairós* (v. g. A violação das simetrias e o *kairós* como *métron* de arte)⁵⁹, o exame do conceito tradicional de *Kalokagathia* e de sua repercussão no pensamento ocidental⁶⁰, enfim o estudo histórico-crítico da estética grega antiga e medieval e de suas ressonâncias no pensamento moderno e contemporâneo (no terceiro volume da obra) fazem desses textos um exemplo da riqueza e da fecundidade da reflexão de Moutsopoulos. A cultura grega, a filosofia e as artes gregas ocupam uma grande parte da meditação desse pensador. Esta cultura, na qual mergulham as raízes da cultura ocidental, ilumina a obra de Moutsopoulos. Ela oferece ao mundo bárbaro e vazio da sociedade de consumo uma nova esperança e uma nova possibilidade de recriar o sentido da vida e de responder às antigas questões: Que é o homem? E o que faz do homem um ser humano?

Celebração da vida, da beleza, da liberdade, o pensamento grego, desde sua mais antiga tradição até nossos dias, no seu desabrochar, no interior do pensamento neo-helênico, é a afirmação, sempre renovada, do valor do homem e de seu destino de universalidade e de transcendência.

---

[58] *Poiésis e Techné*, vol. I, p. 135-140.
[59] Id., ibid., vol. II, p. 23-27.
[60] A idéia de *Kalokagathia* e sua função ética e estética no Ocidente, *id., ibid.*, p. 219-238.

3

Kairós: o conceito-chave da filosofia da cultura grega

1. Introdução

Um estudo importante sobre a noção de *Kairós*, considerando sua etimologia, foi feito por Monique Trédé[61]. Nesse estudo, examinando os sentidos da palavra a partir de Homero e dos trágicos gregos, a autora aponta vários usos do termo, considerando-o em relação ao *tempo*, ao *espaço* e à *ação*.

Em relação ao *tempo*, *Kairós* é o instante crucial, decisivo, a ocasião, o ápice *(acmé)* de uma época ou situação, bem como os dias críticos, os momentos de crise histórica.

Em relação ao *espaço*, sobretudo com referência ao corpo do homem, *Kairós* é o ponto nevrálgico, a parte vulnerável, que, se atingido, configura o golpe mortal.

---

[61] TRÉDÉ, Monique, "Kairós: problèmes d'éthymologie". Paris: *Révue des Études Grecques*, Belles-Lettres, XLVIII, 1984, n. 460-464, p. XI-XVI. Esse texto é explicitamente citado por Moutsopoulos, como uma de suas fontes *in* MOUTSOPOULOS. *Kairós. La mise et l'enjeu*. Paris: Vrin, 1991, p. 54, nota 8.

Quanto à *ação*, *Kairós* representa o sucesso ou insucesso, a decisão, o ponto de ruptura. Está ligado à noção de cortar, decidir, julgar, discriminar.

A autora assinala a existência de certa sinonímia entre *Krisis* e *Kairós*, nos textos antigos, bem como relação metafórica entre os termos *decidir, julgar* e *cortar, decepar*.

Moutsopoulos que, como dissemos, conhece o texto em questão, retém do uso arcaico da palavra as idéias de *momento favorável, ocasião*, e a sua aproximação com a noção de *crise*[62].

A noção de *Kairós*, em Moutsopoulos, aparece ligada, inicialmente, à concepção aristotélica do termo, para a qual *Kairós* é "o bem no tempo"[63], "o tempo liberto da necessidade"[64], "o tempo gerador da temporalidade"[65].

Nosso autor trata de ver, nessa noção, "o instante propício"[66], isto é, o tempo axiológica e dinamicamente considerado, cujos modos de expressão podem ser apontados: são a *constatação* e a *fruição*. Reconstrução do real segundo uma descontinuidade qualitativa, não é uma medida, mas uma "zona modal e nodal" do tempo, "que colore, axiologicamente, a realidade"[67].

Kairós supõe, então, um domínio em que a temporalidade e o pensamento se encontram, em que o tempo objetivo do mundo encontra a subjetividade do homem. Implica na exis-

---

[62] Sobre a relação entre *crise* e *Kairós*, ver adiante o tópico que dedicamos ao assunto, na consideração da obra de Moutsopoulos.
[63] E. Moutsopoulos, *La fonction du kairós selon Aristote*. Révue Philosophique, p. 223.
[64] Id., ibid.
[65] Id., ibid., p. 224.
[66] Id., *Sur le caractère kairique de l'oeuvre d'art*, Congresso Internacional de Amsterdã, 1964, p. 115.
[67] Cf. cit. 1., p. 226.

tência de um *tempo favorável*, mas também na possibilidade de perdê-lo e na necessidade de velar, para não perder.

O tempo designa, para nosso filósofo, um modo de ser. Sua apreensão supõe as categorias estéticas de *homotemporalidade* (simultaneidade) e a de *heterotemporalidade* (antes, depois), mas também as categorias dinâmicas do *ainda-não* e do *nunca-mais*. Por isso, fazer projetos implica na intencionalidade, na existência de um instante privilegiado, do tempo axiológico e surracionalmente considerado: *Kairós*.

Substantivado, *Kairós* é o *tempo oportuno*, o instante propício. Mas em Moutsopoulos aparece também o adjetivo *kairicidade*, que nosso autor aplica à *criação artística*, à obra de arte e à própria consciência humana. Kairicidade significa, então, ter *Kairós*, isto é, expressar, no tempo, o *caráter qualitativo*: da criação artística, do nível de realização atingida pela obra e da própria consciência que, no confronto com o mundo, traduz valores, humaniza o mundo.

Para o nosso autor, *Kairós* refere-se não ao ser, mas ao *sendo* no tempo, à mudança, à ruptura ou evolução quanto ao passado.

E também designa a atividade temporal da consciência criadora e valorante, a própria atividade humana que produz alterações qualitativas no cosmos.

Expressão da liberdade do homem, de sua rebeldia e de sua permanente metamorfose, da angústia e da admiração que o caracterizam, *Kairós* manifesta-se de modo privilegiado na obra de arte, enquanto esta, instaurando o novo, produz alterações qualitativas no mundo e na consciência dos indivíduos criadores e/ou contemplantes.

Aspectos axiológicos, estéticos, éticos e antropológicos configuram-se, pois, no conceito de *tempo oportuno*, buscado na remota Antigüidade e atualizado por Moutsopoulos como categoria filosófica essencial.

Os textos do filósofo diretamente ligados ao tema tiveram uma primeira seleção em francês, resultando no livro *Kairós. La mise et l'enjeu*[68], estruturado segundo quatro temas: ser e *Kairós*, consciência e *Kairós*, arte e *Kairós*, história e *Kairós*, no qual nosso autor delineia o conceito relacionando-o com o tempo e o espaço humanizados e com a busca de uma plenitude existencial. Trata, aí, de pôr à luz as características do homem kaírico, analisando as relações entre *Kairós, Eros* e *Poiésis*; entre *Eros* e *Thanatos*; entre a angústia e a liberdade.

Moutsopoulos põe à luz o caráter kaírico da obra de arte, mostrando o artista como criador e crítico e examinando a estrutura da obra de arte. Aborda também as relações entre os mitos artísticos e estuda o culto da música entre os primeiros filósofos gregos.

No exame de relação entre história e *Kairós*, introduz os temas de relação entre *Krisis* e *Kairós*, discutindo as possibilidades e limites de uma história serial e as noções de *tradição* e *ruptura*. Essa temática é retomada na obra *L'univers des valeurs, univers de l'homme*[69], sobretudo na sua terceira parte, dedicada ao estudo dos valores praxiológicos.

Nessa abordagem das implicações temáticas do conceito, Moutsopoulos caracteriza a cultura grega como uma cultura essencialmente kaírica, isto é, como uma cultura em que a luta entre as crises e sua superação constitui o núcleo essencial. A

---

[68] Id., *op. cit.* Paris: Vrin, 1991.
[69] Id., *op. cit.*, Atenas: Academia de Atenas, 2005.

resolução bem-sucedida das crises que marcam toda a existência humana e todo o fluir temporal é um dos objetivos da filosofia grega e uma das razões da esplêndida obra realizada por ela na Antigüidade, bem como da sua persistência inspiradora ao longo de todo o pensamento ocidental[70].

A consideração, numa perspectiva histórica, do tema do *Kairós* acha-se no livro *Variations sur le thème du kairos de Socrate à Denys*[71]. Esse livro completa três que o precederam[72], e foi sucedido por um quinto volume dedicado ao assunto, *Structure, Presence et Fonctions du Kairos chez Proclus*[73].

Moutsopoulos pretende, com esses estudos, mostrar que o pensamento antigo pode ser reconsiderado completamente à luz da noção de *Kairós*.

E afirma que a noção de kairicidade "permite abrir novos horizontes ao questionamento filosófico contemporâneo"[74], explicitados por ele em seu livro *Filosofia da Kairicidade*[75], um dos primeiros escritos que fez sobre o assunto, e também no *Universo dos valores, Universo do homem* e no *Filosofia da Cultura Grega*, obras mais recentes.

A abertura do texto *Kairós. La mise et l'enjeu* reporta o mito de Kairós, irmão de Cronos e sempre em luta com este. Ambos, Kairós e Cronos, são filhos do Aion eterno, imagens opostas do reflexo da eternidade no tempo. Cronos é o dançarino; "modelo

---

[70] Id., *Philosophie de la culture grecque*. Atenas. Academia de Atenas, 1998.
[71] Id., *op. cit.* Paris: Vrin, 2002.
[72] Id., *Kairós. La mise et l'enjeu; Parcours de Proclus*. Atenas: CIEPA, 1993; *Philosophie de la Culture Grecque*.
[73] Id., *op. cit.*, Atenas: Academia de Atenas, 2003.
[74] Id., *Variations sur le thème du Kairós, Avertissement*, p. 9.
[75] Id., *Philosophie de la Kairicité*. Atenas: Cardamizza, 1984.

da regularidade e repetibilidade" do tempo. "Sua dança cíclica, periódica, é decomponível, analisável, imitável; seus passos e seus gestos (...) fazem dobrar as consciências" às suas leis ritmadas. Kairós, por sua vez, "revela-se saltador e acrobata (...), seus movimentos apresentam unicidade e totalidade, desafio e irrepetibilidade, risco, engajamento e aventura (...). Cronos, o dócil, e Kairós, o indomável, acham-se em eterno e incessante conflito: Cronos cria o mundo e o governa; Kairós o aniquila para recriá-lo à sua vontade"[76].

E ainda: Cronos e Kairós representam as duas atitudes da consciência humana, enquanto se situa ou se integra no mundo. Cronos é o símbolo da atividade teórica da consciência; Kairós, de sua atividade prática, da atividade segundo a justa medida, o *métron*[77].

Assim, Cronos e Kairós, filhos de Aion, a eternidade, o grande tempo, representam as duas ressonâncias da eternidade no mundo sensível: o tempo como repetição, regularidade (Cronos), e o tempo como ruptura e inovação, mudança qualitativa da consciência, das situações (Kairós).

Kairós representa o *métron*, a justa medida, o difícil equilíbrio entre os opostos, quando a regularidade repetitiva da vida se rompe. Na crise assim ocorrida, na ruptura da regularidade, *Kairós* é a ação precisa que instaura um novo patamar da existência, um novo ritmo vital.

A expressão por excelência do *Kairós* é a atividade criadora, na arte e na ciência. O artista é aquele que, por seu fazer, desco-

---

[76] Id., *Kairós. La mise et l'enjeu. Avant-propos*, p. 11-12.
[77] Id., ibid., p. 12-14.

bre uma nova perspectiva, uma nova forma de ser e de estar no mundo, instaurando, através da obra, uma mudança qualitativa na repetibilidade cotidiana. A busca da beleza e do conhecimento resulta no bem da vida humana, na excelência, na *areté*.

Descrevendo a cultura grega como aquela na qual essa busca se expressa de modo exponencial, Moutsopoulos a descreve como cultura kaírica, ou seja, como uma cultura na qual os valores do bem, da beleza, da verdade e da liberdade são considerados axiais. Por essa razão, a cultura grega se tornou inspiradora, durante toda a história do pensamento e da vida criadora no Ocidente. E por essa razão, ainda, representou, ao longo do tempo, a busca humana da universalidade.

2. A abordagem temática

A ontologia kaírica

É sobretudo na obra *Kairós. La mise et l'enjeu*[78], que a abordagem temática do *Kairós* é levada a efeito. Moutsopoulos considera, como vimos, as relações entre ser e *Kairós*, consciência e *Kairós*, arte e *Kairós*, história e *Kairós*, trazendo à luz uma ontologia, uma antropologia filosófica, uma estética e uma filosofia da história.

Na abordagem ontológica, nosso autor trata de expor a noção de *Kairós* associando-a às estruturas do ser, às idéias de desenvolvimento, de humanização do tempo e do espaço, à idéia

---

[78] Cf. nota 12.

de ponto de equilíbrio ontológico e à consideração das relações entre ser e *Kairós* em Aristóteles, em Plotino e na tradição cristã.

Na perspectiva sugerida pelo mito, que mostra Cronos e Kairós como irmãos e opositores, duas faces do tempo são consideradas. A cronológica aborda as categorias do presente, passado e futuro; a kaírica, as categorias do *ainda-não* e do *nunca-mais*.

Na sua ontologia, Moutsopoulos trata de distinguir as dimensões kaíricas da estrutura do ser, entendendo o *Kairós* como a passagem do ser atual a um ser-mais. Analisa a estrutura do ser-mais entendendo o *Kairós* como a *justa medida* na busca de uma plenitude, da auto-superação. Mostra a construção progressiva dessa idéia em momentos privilegiados da tradição filosófica: Aristóteles, Platão e, na contemporaneidade, sua repercussão na noção de desenvolvimento, considerada à luz de autores como Bergson, Bachelard, Ruyer.

As dimensões kaíricas de um ser correspondem ao conjunto de suas possibilidades ou disposições que rompem com o determinismo temporal e vinculam sua atividade a uma intencionalidade livre, aberta, voltada para um objetivo preciso.

Kairós corresponde, na estrutura do ser, a um princípio de coesão, a uma atividade reguladora, voltada para um futuro antecipado, pondo em relevo o caráter dinâmico do ser.

Estudando as dez categorias com as quais Aristóteles aborda o ser, Moutsopoulos mostra a retomada da questão na obra de Kant, o qual transpõe essas categorias do plano ontológico para o espistemológico. A ressonância da lição kantiana no hegelianismo, neo-hegelianismo e no ecletismo aparece na consideração das obras de Hamelin e de Cousin.

Nosso autor procura evidenciar a noção de *dinámei* como categoria descritiva da própria estrutura do ser. Sua meditação sobre uma ontologia, em que a noção de *Kairós* é importante, põe em destaque a reflexão sobre as noções de *tempo, espaço, maturação e corrupção, métron, estrutura e plenitude*.

Apoiando-se em Aristóteles e Plotino, dialoga com a filosofia contemporânea, notadamente com Husserl, Bachelard e Bergson.

A experiência da temporalidade é, essencialmente, a experiência de prospecção ou antecipação do futuro, e também a consciência do fluir temporal, vivenciado como maturação e corrupção.

Fazendo a crítica da corrupção clássica do *futuro*, encarada como "um possível que avança em direção ao presente e o trespassa (...) tornando-se ele próprio presente"[79], e das idéias de *vir-a-ser objetivo* e de *observador imparcial* – que meramente constata o fluir do tempo, compreendido como *entropia* – nosso autor afirma a necessidade de considerarmos a consciência como mergulhada no próprio fluir universal.

Invocando a noção husserliana de *presente retencional*, "quer dizer, em vias de se construir"[80], elabora uma noção análoga, a de *presente previsional*, para se referir à capacidade da consciência de se "inserir num futuro que ele assimila previamente e que integra definitivamente"[81].

Sua concepção dinâmica do tempo rompe com a estrutura tridimensional clássica: *passado, presente, futuro*, ou seja: *antes, durante, depois*, para substituí-la por um sistema que se

---

[79] Id., *Kairós. La mise et l'enjeu*, p.17.
[80] Id., ibid., p. 18.
[81] Id., ibid.

refere às noções de *não-ainda* e de *nunca-mais* como categorias essenciais.

Kairós, nessa concepção do tempo, é o momento em que a consciência se situa entre o *não-ainda* e o *nunca-mais*, apreendendo-se como existência.

O futuro aparece, assim, como o tempo privilegiado, atualizado e antecipado pela consciência que o vivencia e frui provisoriamente, apreciando sua significação. Tem caráter decisivo "no processo de reestruturação da realidade (...) que permite [à consciência] melhor apreender e melhor interpretar o real, moldando-o segundo sua própria dinâmica (...)"[82].

Kairós é a transmutação qualitativa do tempo pela apreensão da existência como capacidade de reestruturação do real pela consciência, e também compreensão do fluir temporal como *maturação* e *corrupção*.

Esse enfoque é levado a efeito nas perspectivas epistemológica, ontológica e axiológica, na obra de nosso autor. A abordagem *epistemológica* põe em relevo a idéia do *Kairós* visto como o momento de apreensão, pela consciência, do instante crucial em que ocorre a mudança qualitativa das situações. Reportando-se a Husserl e Bergson, nosso filósofo recorre à noção de *consciência intencional*, distinguindo-a, no entanto, da consciência kaírica, na qual as categorias lógicas da *anterioridade* e *posterioridade*, da memória e expectativa, seriam constitutivas da *intenção*, através da qual a consciência se situa em relação ao mundo, interpretando-o.

---

[82] Id. Ibid., p. 19.

O sistema ternário: passado, presente, futuro – categorias temporais clássicas – é substituído por um *sistema binário* que seria capaz de apreender melhor o fluir temporal, segundo as categorias do *não-ainda* (ὀύπω) e do *nunca-mais* (Οὐχέπ). Essas categorias enfatizariam o presente como um "ponto crítico projetado em direção ao futuro"[83], substituindo a consideração cronológica do tempo pela experiência de kairicidade[84], da apreciação qualitativa do fluir da natureza e da consciência.

Em síntese, a *abordagem epistemológica* do tempo consiste na consideração das relações entre a *consciência*, o *tempo* e o *espaço*, a partir da introdução das categorias espacio-temporais novas, que põem em relevo o caráter dinâmico dessa relação.

O enfoque ontológico do *Kairós* é indissociavelmente ligado ao epistemológico. Aqui, *Kairós* é uma estrutura do ser caracterizada pela constante mutação, evolução, passagem "de um estado de ser a um estado de não-ser"[85]. A essa mutação do ser corresponde uma mutação da consciência, caracterizada pela intencionalidade.

Às categorias epistemológicas temporais do *não-ainda* e do *nunca-mais*, nosso filósofo acrescenta as espaciais do *não-ainda-aqui* e do *nunca-mais-em parte alguma*.

Nessa concepção, *Kairós* é o processo contínuo de estruturação e reestruturação do real pela consciência, que aprende as possibilidades de estabelecer gradações de ser: carência, corrupção, *menos-ser* ou plenitude, superabundância, *ser-mais*, com todos os matizes intermediários entre esses dois pólos.

---

[83] Id., ibid., p. 24.
[84] Id., ibid.
[85] Id., ibid.

Kairós é, aqui, o instante privilegiado no qual essa apreensão se dá, é a vivência de temporalidade, através da qual a noção de espacialidade se institui.

Assim, na perspectiva ontológica, as dimensões kaíricas do ser correspondem ao conjunto de possibilidades ou disposições que, num dado ente, rompem com o determinismo temporal, vinculando a sua atividade a uma intencionalidade livre, aberta, voltada para um objetivo preciso.

Kairós corresponde, na estrutura do ser, a um princípio de coesão, a uma atividade reguladora voltada a um futuro antecipado, pondo em relevo seu caráter dinâmico e mostrando a existência como busca de plenitude.

Recorrendo à noção de estrutura, o filósofo aborda o papel desta noção como *princípio* e *modelo*, "*imagem antecipada* da presença do ser", "esboço do ser"[86], "núcleo do ser", que o dirige e orienta em direção a seu desabrochar e sua realização[87]. Há diferentes funções ontológicas da estrutura, que constituem "as dimensões kaíricas com as quais se enriquece o ser"[88].

Examinando a idéia de *função motivadora*, associada às de substância e estrutura, Moutsopoulos fez uma arqueologia desta última noção, mostrando a passagem do não-ser ao ser, mediante o quase-ser, "a antecipação do ser por seu próprio modelo que a estrutura (...) representa", como "promessa" ou "como validação prévia do ser (...)", prefiguração do ser realizado[89].

---

[86] Id., ibid., p. 41.
[87] Id., ibid., p. 42
[88] Id., ibid., p. 44
[89] Id., ibid., p. 45.

A *função realizadora* da estrutura corresponde ao "processo de maturação do ser"[90] a partir de uma matriz, instalando-se entre o *não-ainda* do ser totalmente expresso e o *nunca-mais* da informalidade.

A *função compreensiva da estrutura* diz respeito à finalidade e realização do ser, à sua completude e transformação em vista de um ser-mais. Trata-se da função que possibilita ao ser as mudanças irreversíveis, em vista de uma intencionalidade. Essas mudanças se dão por rupturas que expressam o dinamismo do ser, como atividade totalizante. As estruturas se apresentam, assim, como "reminiscência da pré-realidade do ser"[91].

O aspecto *axiológico* da meditação sobre as relações entre ser e *Kairós* põe em relevo a kairicidade como descontinuidade qualitativa no suceder. As noções temporais de *anterioridade* e *posterioridade* se apresentam como "centros de interesse para a consciência (...)"[92], como possibilidade de maturação ou corrupção. Assim, *Kairós* se torna o ponto de referência, que possibilita à consciência contemplar, viver, criar.

Daí o filósofo dizer: "A atitude intencional da consciência se alia (...) à natureza do *Kairós,* que é sua projeção objetivada por excelência; e esta adequação se manifesta em todos os níveis da atividade axiológica da existência, como nos níveis ético e estético (...), cientifico e técnico"[93].

Momento crítico, *Kairós* é um catalisador da atividade da consciência, criação intencional desta, possibilitando-lhe a apreensão do significado de sua ação no mundo[94].

---

[90] Id., ibid., p. 46.
[91] Id., ibid., p. 48.
[92] Id., ibid., p. 29.
[93] Id., ibid., p. 30.
[94] Id., ibid., p. 30-31.

A apreensão qualitativa do mundo traduz-se na humanização do *tempo* e do *espaço*.

No que concerne à humanização do tempo, Moutsopoulos se apóia na reformulação de abordagem do processo temporal, desencadeada pela teoria da relatividade. Nesta, a importância da presença humana, do observador, exige a proposição da reversibilidade do tempo, intuída por Husserl na fórmula do "presente retido *(zurückgehaltene)*"[95].

O observador desinteressado da perspectiva tradicional é substituído por uma consciência intencional, mergulhada na existência, na duração[96], impondo uma ordem criadora, que reestrutura a sucessão temporal. Desse modo, o homem se insere no universo, humanizando-o.

Ocorre algo análogo no que diz respeito às relações da consciência com o espaço. A intencionalidade se exprime através da ação.

Ao inscrever-se no tempo, "a consciência desenvolve um sistema de categorias kaíricas, a saber, as do *não-ainda* e do *nunca-mais*, que regem sua atividade na sucessão de estados objetivos, a fim de substituí-la por outra que seja benéfica para a existência e guarde sua marca"[97]. Cabe à consciência escolher, no fluir do tempo, o ponto decisivo que expresse sua inserção no mundo. Essa inserção tanto pode voltar-se para o passado, como Proust e Husserl propuseram, quanto para o futuro. Diz o filósofo: "o conjunto de atividade da consciência está (...) dirigido à kairificação de uma temporalidade, mas também de uma espacialidade (...)"[98], enfo-

---

[95] Id., ibid., p. 92.
[96] Aqui, Moutsopoulos invoca Bergson, uma de suas fontes importantes.
[97] Id., ibid., p. 94.
[98] Id., ibid., p. 95.

cadas segundo um sistema de categorias: *não-ainda-aqui* e *nunca-mais em parte alguma*, análogo ao da temporalidade.

Assim o espaço kaírico é o espaço qualitativamente considerado. Primeiramente, é o espaço interior, da consciência, cujo correlato é o mundo vivido, espaço objetivado, lugar de manifestação da *práxis*, realidade afetiva e sociodramática. Abarca o espaço biológico, o vital, o histórico-social, o pragmático.

O *espaço biológico* permite a integração entre a vida do ser e o mundo exterior; é explicitado a partir da noção de individualidade, pois consiste "num espaço orgânico (...) submetido a uma experiência da parte da própria consciência"[99].

O *espaço vital* se mostra como o lugar em que o organismo vive, quer este seja um organismo individual ou um grupo, expondo a diversidade das espécies e a diversidade das formas de vida. Seu correlato é o *espaço social*, em que as individualidades de grupos se expressam, constituindo uma entidade polivalente.

O *espaço pragmático*, por sua vez, é aquele constituído pelo homem, graças, por exemplo, à arte. Nele se manifesta a liberdade do sujeito que expõe, no plano do mundo, uma pluralidade de concepções do espaço, expressando aí a intencionalidade da consciência.

Nossa época se caracteriza exponencialmente por essa intervenção da consciência no mundo, mediante a *práxis*. É uma época kaírica, em que a crise e as oportunidades coincidem. Retomaremos esse ponto adiante.

Aberta ao futuro, nossa época anuncia as possibilidades do espaço qualitativamente considerado: reestruturado, vivido, a

---

[99] Id., ibid., p. 98.

um tempo individual e universal, lugar da expressão das possibilidades criadoras do homem.

É no plano da *ação* e não apenas da meditação sobre o tempo, que surge o *Kairós*. Aptidão para fruir a realidade, reestruturá-la, implica na afirmação de um propósito, de expectativas e nostalgias. *Kairós* é, assim, resposta a um desafio, o do engajamento, o da integração da existência, o da afirmação do valor da consciência em face de um universo "ao mesmo tempo acolhedor e hostil"[100].

É também o poder da discriminação, a justa medida, o *métron* que permite o equilíbrio.

Desse modo, as abordagens ontológica, axiológica e epistemológica se encontram, na apreciação qualitativa das estruturas do ser e das categorias de sua apreensão.

A meditação de nosso filósofo rompe com as concepções essencialistas do ser, situando-se na perspectiva existencialista, a partir da consideração da estrutura do existente.

Nesse horizonte, o conceito de *Kairós* exerce um papel essencial. Descreve a estrutura do ser tanto como elemento estável, quanto como elemento de ligação entre os movimentos de *atualização* e *realização*. Daí o filósofo correlacionar intimamente *pensar, ser-mais* e *Kairós*.

O conceito em pauta possibilita, para nosso autor, superar as oposições entre cartesianismo/bergsonismo, razão discursiva/razão intuitiva, favorecendo "uma concepção unitária da atividade noética"[101].

---

[100] Id., ibid., p. 14.
[101] Id., ibid., p. 55.

O pensar, na sua busca de apreensão do objeto, tende para a apreensão de um ser-mais, de uma plenitude *in fieri*.

O ser-mais se manifesta, no plano físico, como volúpia; no plano estético, como gozo; no plano moral, como felicidade moral. Assim "volúpia, alegria e felicidade se apresentam como manifestações passageiras ou duráveis (...) de um estado de ser-mais (...)"[102]. O ser-mais "se manifesta como uma exasperação do ser, como um si-mesmo privilegiado"[103].

No plano do ser, a mudança é realização de potencialidades; no plano do ser-mais, a mudança é qualitativa, expressando incandescência, esplendor.

A idéia de *justo-meio* está associada a essa passagem temporal do ser em direção a um ser-mais: é "Kairós, ponto de convergência (...), estado intermediário"[104].

Em suma, a meditação ontológica sobre a noção de *Kairós* evidencia a relação entre pensar e ser, desenvolvimento e ser-mais.

Reportando-se a Heidegger e Jaspers, Moutsopoulos recorda a correlação entre pensar, construir, habitar e existir, bem como o caráter dinâmico do *existente*, que emerge no dinamismo que o conduz continuamente em direção a um ser-mais, ao longo do tempo.

O homem kaírico

Num segundo momento da obra[105], Moutsopoulos estuda mais amplamente as relações entre *Kairós* e a vida humana, tra-

---

[102] Id., ibid., p. 58.
[103] Id., ibid., p. 68.
[104] Id., ibid., p. 72
[105] Id., *Kairós. La mise et l'enjeu*, p. 105-180.

tando de caracterizar o homem kaírico, ou seja, de associar a noção considerada em relação às categorias essenciais da análise da existência: *Eros, Poiésis, Thanatos,* prazer, angústia, liberdade.

Partindo da presença do homem no mundo, nosso filósofo considera a kairicidade um aspecto crucial de vida contemporânea, dado que o homem se integra dinamicamente na realidade e a reestrutura, num momento crítico da história da humanidade.

Por kairicidade, o pensador entende a reestruturação do real pela ação do homem, "a substituição de uma ordem de sucessão necessária por uma ordem de sucessão livremente escolhida"[106]. Trata-se da substituição da ordem ternária do *passado, presente, futuro,* pela binária do *não-ainda* e do *nunca-mais*.

A vida humana, na sua relação com o mundo, comporta, assim, uma zona espacio-temporal onde se instaura o Kairós, "instante privilegiado que se estende em direção ao futuro, que prepara e cria, antecipando-o, e em direção ao passado, que retém, impedindo-o de se desvanecer"[107]. Apresenta-se, assim, como a dimensão criadora da ação humana, enquanto esta se inscreve no mundo e aí instaura um sentido.

Nosso autor distingue três aspectos da kairicidade humana: o *intencional,* o *dialético,* o *criativo.*

O aspecto intencional da kairicidade expõe a intencionalidade do ser humano e a dinâmica da consciência. É recorrendo a Bergson e à noção de *intenção (dessein),* tal como o pensador francês a considera no *A evolução criadora,* que nosso autor aprecia a noção de intencionalidade, associada à kairicidade da

---

[106] Id., ibid., p. 105.
[107] Id., ibid.

consciência[108]. Diz ele: "Trata-se (...) de uma reestruturação da realidade que, no plano da sucessão dos instantes, manifesta-se mediante um processo de atualização; dito de outro modo, [trata-se] da redução de um 'alhures' distante e uma proximidade vivida"[109].

Moutsopoulos aborda a dialética entre a consciência e o mundo, mostrando que nela ocorre uma interpenetração das estruturas de ambos os pólos. O homem kaírico, caracterizado pela iniciativa, confiança em si, clareza, mas também pela angústia, é quem instaura o jogo dialético, impondo uma ordem ao real e se expandindo na dupla direção da interioridade e da exterioridade.

A criatividade é "característica essencial da atividade kaírica [e] ao mesmo tempo (...) sua expressão mais autêntica"[110]. Ela consiste na instauração de valores que se realizam na existência.

No plano da arte, da ciência, da moral, da religião, os valores "formam modelos kairicizados, no sentido de já aceitos (...)" pelas consciências. "De fato", diz nosso autor, "cada consciência recria, ao seu modo kaírico, os valores que pretende alcançar e dos quais deseja a fruição"[111].

A angústia do homem atual decorre de seu desejo de ultrapassar seus limites e de criar um mundo à medida de seus sonhos e das possibilidades novas que os conhecimentos e a técnica permitem[112].

---

[108] Id., ibid., p. 107-108.
[109] Id., ibid., p. 107.
[110] Id., ibid., p. 111.
[111] Id., ibid.
[112] Id., ibid., p. 113.

A kairicidade, reconhecimento da liberdade e das possibilidades criadoras do homem, é também reconhecimento do caráter demiúrgico dessa ação. É um agir clarividente e poético, que possibilita a reconciliação do indivíduo com os outros e com o cosmos.

O conceito de *Kairós*, a noção de kairicidade põem em jogo, no plano antropológico, as bases de um novo humanismo. Figuras paradigmáticas do homem kaírico podem ser discernidas em todas as culturas humanas. O filósofo aponta algumas: Gilgamesh, Prometeu, Dédalo, Ulisses, no plano da mitologia; heróis militares como Miltíades, em Maratona; artistas como Míron, autor do *Discóbulo*; Isócrates, o "criador da idéia do helenismo"[113].

O que caracteriza o homem kaírico atual é sua abertura tanto ao *passado,* entendido como "prolongamento de um grande kairós da história universal, (tal como a Grécia Antiga)"[114], quanto ao *futuro,* à busca da expressão de suas qualidades mais altas. A tarefa proposta ao homem de hoje é a de "preparar, para a humanidade, um futuro digno de seu passado"[115].

Considerando os dois pólos da vida, a juventude e a velhice, nosso filósofo trata de sua relação com o *Kairós*. Partindo do texto platônico das *Leis,* que relata a tradição do confronto ritual entre jovens e velhos, nosso autor faz referência à importância dos ritos de passagem, que asseguram a estrutura dos grupos e a assimilação progressiva dos jovens, bem como a reestruturação da sociedade, através de uma dinâmica de continuidade

---

[113] Id., ibid., p. 116.
[114] Id., ibid.
[115] Id., ibid., p. 117.

e descontinuidade intencionais. No texto platônico, os velhos representam o passado; os jovens, o futuro; e os homens maduros, o presente. É o presente que é valorizado, minimizando-se o passado e o futuro. O presente representa o *Kairós*, o instante que atinge a sua autenticidade no sistema binário do *não-ainda* e do *nunca-mais*, rompendo a continuidade do tempo.

Kairós é o instante irreversível, privilegiado, "que condensa, na sua instantaneidade, a duração indefinida da existência, concedendo-lhe uma significação privilegiada (...)"[116]. Esse instante é o instante crítico, que desencadeia a crise, intrusão do novo no já existente"[117].

Uma refinada dialética se inscreve nessa oposição entre continuidade/descontinuidade, no que diz respeito à sucessão de gerações através de integração e rupturas, na sociedade. Os ritos de passagem correspondem à previsão e preparação para a renovação da sociedade, através da assimilação de novos elementos, de novas gerações.

Na Antropologia proposta por Moutsopoulos, a "juventude é concebida e enfocada unicamente como a fase inicial de um processo geral de envelhecimento"[118]; representa também a possibilidade, para uma sociedade, não apenas de se afirmar, mas também de explicitar "aspectos de seu ser que permaneceram inexplorados"[119].

A velhice está associada à realização do homem, sendo considerada não apenas na perspectiva biológica como um processo

---

[116] Id., ibid.
[117] Id., ibid.
[118] Id., ibid., p. 128.
[119] Id., ibid.

de deterioração do ser vivente, mas também na perspectiva existencial, de uma plena expressão do sujeito. A velhice é mutação, passagem, intensificação do ser em direção a um *ser-mais* ontológico[120]. Diz o filósofo: "Do ponto de vista do dinamismo ontológico, o homem cria e se cria. Esta criação não é, absolutamente, um vir-a-ser; é, antes, precisão do ser (...). Desde seu nascimento (...), ele é ser-mais em potência (...) menos-ser em relação ao ser-mais que será"[121].

De tal ser, a liberdade é uma das características essenciais. É a liberdade que define a direção e o contorno de uma vida humana, "que se enriquece cada vez mais de elementos novos que contribuem para a intensificação de sua essência. A consciência livre cria (...) seres cada vez mais individualizados, realizados, segundo uma forma que lhes é própria"[122].

Único ser capaz de assumir a própria vida como "criação existencial consciente de si"[123], o ser humano é também o único para quem o envelhecer adquire um sentido positivo, de plena expressão das próprias possibilidades.

É nesse horizonte que emerge, na obra de nosso autor, a meditação sobre o amor, a morte e a vida criadora.

O filósofo examina o conceito de *eros*, distinguindo-o de *apetite, desejo,* afirmando o seu caráter de *doação* e de vínculo com o outro, e a busca da *beleza*, implicados na noção em pauta.

Eros e *Kairós* se encontram no paradoxo ontológico das descontinuidades e rupturas do existir; encontro este que se tra-

---

[120] Id., ibid., p. 118-119.
[121] Id., ibid., p. 120.
[122] Id., ibid., p. 122.
[123] Id., ibid.

duz na busca de promoção do ser, na busca do ser-mais, graças ao outro ser humano[124].

O ser-mais "equivale a um estado de ser intensificado (...), incandescência que (...) se exterioriza sob a forma de energia recuperável pelo outro (...), dinamismo (...) [de explicitação da] excelência da essência (...), estado de graça durável ou momentâneo"[125].

Enquanto desejo de plenitude, *Eros* é *beleza* e *oportunidade*, momento decisivo, abertura de caminhos, travessia, instante que permite a realização.

É invocando a fala de Diotima no *Banquete* platônico, em que Moutsopoulos assinala as qualidades de *Eros*: "indigência (πξρία) mas também 'recurso' e verdadeira 'travessia' (πόρος) (...), capacidade de (...) 'abrir um caminho para si' (πέραν) (...)"[126].

Desse modo, *Eros* é aspiração, intenção, procura de integração e de totalidade, mediante uma reestruturação da existência, nunca plenamente realizada, nunca definitiva.

O gesto amoroso, no plano humano, não é apenas predileção por um indivíduo, como no mundo animal; é expressão de uma arte de amar, que se mostra privilegiadamente através da obra criadora. É "dom e abandono de si (...), solicitude, mas também (...) solicitação de uma convivência aprofundada"[127]. É dinamismo criador que promove a realização de um ser-mais, através da identificação com o ser-outro, representado pelo par-

---

[124] Id., ibid., p. 132.
[125] Id., ibid., p. 132-133.
[126] Id., ibid., p. 133. Cf. Platão, *Banquete*, 203 a.C, apud Moutsopoulos, op.cit.
[127] Id., ibid., p. 138.

ceiro amoroso. Expansão para além de si na unidade amorosa com o outro, identificação com a alteridade do outro, *Eros* é *Kairós*, oportunidade única de uma harmonia superior, pela fusão com a alteridade.

Na existência humana, a temática do prazer está ligada à meditação sobre a sua objetividade. Platão, Aristóteles, Spinoza, Freud afirmaram o caráter objetivo do prazer, mostrando que sua busca é orientação para um ser-mais, para um acréscimo da intensidade do viver.

Relacionando a noção de prazer com a concepção bergsoniana da intencionalidade da consciência, compreendida como a abertura desta "às possibilidades infinitas da existência"[128], Moutsopoulos entende o prazer como "disponibilidade aprovadora (...) da existência face ao vivido que experimenta"[129]. Sua objetividade consiste no reconhecimento ou validação por diferentes consciências. Diz o filósofo: "(...) os prazeres são justificados por intermédio das próprias consciências (...) todo prazer é um valor subjetivo, objetivado graças a uma simples intersubjetividade, quer dizer, graças ao reconhecimento mais extenso de sua validade subjetiva (...)"[130].

Prazer e *Kairós* coincidem quando ocorre uma intensificação da qualidade da existência num instante temporal privilegiado. Está associada à liberdade, quanto mais for isenta de constrangimento e desejo. Deixa, assim, de ser mera satisfação de necessidades, tornando-se expressão de uma plenitude vivida[131].

---

[128] Id., ibid., p. 168.
[129] Id., ibid., p. 169.
[130] Id., ibid.
[131] Id., ibid., p. 170.

Na existência humana, *Eros* e *Thanatos*, amor e morte, enfrentam-se como pólos opostos e complementares. A essa tensão, responde a experiência fundamental da *angústia*.

Embora opostos, na perspectiva de Moutsopoulos, *Eros* e *Thanatos* se interpenetram. *Eros* é desejo de ser outro, *identificação com o outro* e, como tal, desejo de não-ser; *Thanatos* é "não-ser, tanto quanto ser-outro"[132], nostálgica melancolia de não mais existir, mas, ao mesmo tempo, instante privilegiado de aceitação de um ser-mais, de uma realização e plenificação finais.

Duas tendências resumem, para nosso autor, a relação entre *Eros* e *Thanatos*: a *mística* e a *mecanicista*.

Na orientação *mecanicista*, *Eros* é "redutível ao princípio do prazer"[133], e *Thanatos* é seu oposto destruidor, pura negatividade. No horizonte dessa orientação, o prazer é desvalorizado e associado ao mal. Exemplos desse enfoque são elencados desde os cirenaicos, até Schopenhauer, o utilitarismo inglês culminando atualmente em Freud e Marcuse.

Expondo mais detalhadamente a reflexão de Marcuse, em *Eros e Civilização,* Moutsopoulos mostra que, para Marcuse, a interpenetração entre o impulso de vida (*Eros*) e o impulso de morte *(Thanatos)* acaba por conduzir à identificação entre ambos, enquanto negações do tempo.

Diz Moutsopoulos: "(...) *Thanatos* seria a negação final do tempo (...); por outro lado, na medida em que a temporalidade

---

[132] Id., ibid., p. 140.
[133] Id., ibid.

exerce um poder sobre *Eros* (...), ele próprio luta pela eternidade, (...) [este] é marcado pela temporalidade (...)"[134].

Enquanto negação do tempo, "*Eros é Thanatos*"[135], e o denominador comum entre os autores dessa corrente é o pessimismo, uma vez que o prazer é sempre fonte da morte, e o desejo de eternidade não pode ser realizado, dada a precariedade da vida humana. A desqualificação do prazer o aproxima da morte.

A *relação de identidade* entre *Eros* e *Thanatos*, proposta pela corrente mecanicista, tem pontos de aproximação com a *relação de participação* entre ambos, característica do enfoque místico.

A *orientação mística* se enraíza em antigas tradições que a adotaram: o orfismo, o platonismo, o neoplatonismo. Dionísio Areopagita, santo Agostinho, a mística renana e a espanhola, o empirismo de Berkley, a mística muçulmana são exemplos dessa perspectiva ao longo da história do pensamento ocidental.

Num *instante fugitivo*, dá-se a mutação radical que conduz à fusão do amante com o amado, a superação do *Eros* no êxtase e a transcendência do tempo pelo mergulho no Absoluto, como transcendência da morte.

Na literatura ocidental, Werther, Tristão, D. Juan seriam as figuras paradigmáticas da "morte no amor [vista como] passagem da temporalidade à intemporalidade"[136].

O reconhecimento da convergência entre a corrente mecanicista e a mística, no que tange à quase identificação ou superposição de *Eros* e *Thanatos*, levou Moutsopoulos a um novo enfoque da relação entre o amor e a morte.

---

[134] Id., ibid., p. 142.
[135] Id., ibid.
[136] Id., ibid., p. 144.

Plenitude do presente, abertura ao futuro, *Eros* é prazer e desejo, busca da intensificação do ser. Modo de ser do ser-para-a-morte, no dizer de Heidegger; *Thanatos* é culminância do existir e aniquilação do amante na fusão com o amado.

Adotando a compreensão heideggeriana da morte[137], Moutsopoulos assinala como denominador comum entre *Eros* e *Thanatos* a abolição da temporalidade, em vista de uma plenificação do ser.

Daí afirmar: "Levado a um estado de incandescência por *Eros*, *Thanatos* aparece como redução de um *minimum* quantitativo de existência a um *optimum* qualitativo, como um 'ser-mais'; em troca, explicado, obliterado por *Thanatos*, *Eros* se apresenta como uma intensificação de existência em direção à eternidade"[138].

A experiência da temporalidade, associada à derilicção e à angústia, mas também ao seu resgate pela *obra criadora – Poiésis –*, é exemplificada através de dois estudos, sobre o *tempo* e a *angústia*, na obra de *Cavafys*, o grande poeta grego contemporâneo.

Publicados em 1961[139], os estudos sobre Cavafys expõem um tema caro ao filósofo: o papel da obra de arte, da atividade criadora, como impulso em direção a um ser-mais, como expressão de uma plenitude humana, superação da crise da existência.

---

[137] Moutsopoulos cita explicitamente *Sein und Zeit*, p. 248; *Qu'est-ce que la métaphysique?*, p. 131-132, em *Kairós. La mise et l'enjeu*, p. 145.
[138] Id., ibid.
[139] Id., Le temps dans l'univers cavafien, Annales de la Faculté des Lettres et Sciences Humaines d'Aix, 35, 1961, p. 5-9; id., Une illustration de l'angoisse chez Cavafy, ibid., p. 149-153. Republicados em *Kairós. La mise et l'enjeu*, p. 158-161 e p. 162-165.

O ponto de partida é a meditação sobre o sentido do tempo em Cavafys. O tempo que passa e causa horror, pela derilicção e pela morte que seu passar anuncia, é resgatado pela afirmação de uma duração lírica subjetiva.

Na sua abordagem lírica do tempo, Cavafys recupera o passado, não como vivido individual, mas unificado através da arte, projetado num tempo fictício, arcaico. O recurso à superação do "eu real" pelo "eu fictício" tem um caráter importante na obra do poeta. Ao tempo real do indivíduo, Cavafys opõe, na obra, o tempo ideal. Até mesmo as referências ao tempo histórico, ao passado arcaico, feitas pelo poeta, só têm interesse enquanto vinculadas ao tempo ideal, à duração lírica, que opõe ao vir-a-ser devorador e angustiante a celebração da beleza, valor absoluto que permite a superação da morte.

O homem só "escapa da fatalidade de seu destino, (...) da marcha inexorável do tempo real, pela beleza, isto é, recriando um tempo (...) salutar, um tempo que o liberte (...)"[140], descoberto na natureza e na arte, através da contemplação.

Moutsopoulos estabelece analogias entre a busca proustiana do *tempo perdido,* redescoberto através da memória e da arte, e a superação cavafyana do tempo que passa, do tempo da decadência e da morte, no tempo lírico, *saboreado* no cintilar momentâneo da beleza, fixando no poema a imagem, o som, a cor fugidia.

---

[140] Id., ibid., p. 160.

A eternidade estética cria um *tempo do sonho*, que torna possível uma salvação provisória da angústia, instaurando a liberdade.

O horror do passado, tempo extinto, prefiguração da morte, e a angústia pelo futuro, pelo fim próximo da vida, mostram a poesia de Cavafys, símbolo do homem contemporâneo, oscilando entre a nostalgia do tempo perdido e a angústia da extinção, superadas no tempo saboreado, no viver o prazer e a beleza do instante, eternizados na obra de arte.

A arte instaura a única mortalidade de que o homem é capaz, a da celebração da beleza na vida que passa. É através da *poiésis*, atividade criadora, que o conflito entre *Eros* e *Thanatos* é superado.

3. A dimensão estética do Kairós

A noção de *Kairós* implica, na opinião de nosso filósofo, uma reformulação da noção de tempo.

No enfoque tradicional, o tempo é considerado nas perspectivas da simultaneidade (homotemporalidade) e da anterioridade e posterioridade (heterotemporalidade).

A noção de temporalidade kaírica, inspirada na duração bergsoniana, que faz coincidir o ser e durar, apóia-se nas categorias do *não-ainda* e do *nunca-mais,* afirmando a intencionalidade da consciência e o futuro como o tempo essencial, bem como o instante privilegiado, o *ótimo* temporal. Uma hierarquia surracional e axiológica dos instantes que compõem a duração é assim posta em relevo e se mostra, de modo exponencial, na atividade criadora, na obra de arte. O filósofo diz: "A obra a ser feita é, do ponto de vista temporal, situada no futuro; mas, do ponto de vista kaírico, é atualizada (...) pelo cuidado constante do criador (...)"[141], o qual busca a sua realização.

Combinando contemplação e criação, o artista concretiza o instante no durável da obra. Testemunha, assim, a inscrição da ação humana no tempo.

Na medida em que a obra se concretiza, instaura uma infinidade de instantes, um vir-a-ser kaírico.

Explicitando o caráter criador e de expansão humana que a arte representa, Moutsopoulos perpassa a temática do *Kairós* na pintura, na poesia e na música. É sobretudo uma filosofia da música que assim emerge, tornando-se um dos pontos focais da atenção do filósofo e uma de suas mais importantes contribuições.

Evocando a filosofia como arte das musas, música suprema, a posição do nosso autor se inscreve na antiga tradição que vê na música uma arte curativa dos males a que a precariedade existencial do humano está sujeita.

A música é a *poiésis* suprema, arte das artes, exemplo paradigmático da ação criadora de que o homem é capaz.

4. Crise e Kairós

A análise da crise da sociedade atual está vinculada, na obra de Evanghélos Moutsopoulos, a um dos mais significativos autores gregos contemporâneos[142], a uma interpretação da história. Dois textos essenciais balizam essa reflexão: o primeiro, *As crises*

---

[141] Id., ibid., p. 182.
[142] Cf. C. MARCONDES CESAR, "Evanghélos Moutsopoulos e o pensamento grego contemporâneo", RBF, n. 214, 2004, p. 195-250; id., "A Grécia como inspiração", RBF, n. 216, 2004, p. 557-564.

históricas[143], de 1977; o segundo, *A racionalidade da história. Crises e oportunidades históricas*[144], de 2004. São permeados por vários outros escritos, que desenvolvem a temática em torno das possibilidades de uma interpretação e categorização da história inspirada na aplicação de modelos musicais às ciências humanas.

Adotamos uma abordagem cronológica, partindo do texto de 1977 e examinando os desenvolvimentos e as variações do tema original nos diversos escritos que o separam daquele de 2004, mostrando a complexificação crescente do assunto e a correspondência entre os textos.

Criticando Nietzsche, Bossuet, Hegel e Collingwood, que nas suas concepções *a priori* da história a compreendem como repetição cíclica, evolução helicoidal, história da interioridade, Moutsopoulos propõe uma interpretação centrada na noção de *crise*, inspirando-se em Husserl, Bergson.

A crise é desencadeada quando uma sociedade qualquer torna-se incapaz de buscar, no seu próprio passado, inspiração para resolver problemas novos.

Partindo da noção husserliana de crise das ciências, Moutsopoulos mostra que o termo se generalizou, aplicando-se à arte, religião, economia; em suma, à cultura em geral. Trata-se de examinar, hoje, não certo tipo de crise, mas *a própria noção de crise*, deixando de lado as suas acepções puramente lógicas e históricas e focalizando as acepções *epistemológica* e *ontológica do termo*. No plano epistemológico,

---

[143] Les crises historiques, Atenas, Universidade de Atenas, Discursos Oficiais, 22, 1977-1978, pp. 57-72.
[144] Rationalité de l'historie, crises et opportunités historiques, in Avenir de la raison, devenir des rationalités, Paris, Vrin, 2004, pp. 512-514.

crise é sinônimo de *discernimento, discriminação,* tal como o termo grego aponta; no plano ontológico, é sinônimo de *descontinuidade.* Implica as idéias de *interrupção,* de *ameaça de interrupção,* de *período crítico, ponto crítico,* de *descontinuidade,* bem como a de *ritmo.*

É desdobrando sua reflexão em torno dessas noções que Moutsopoulos apresenta a crise da sociedade atual, inserida num amplo painel interpretativo da história.

No plano epistemológico, a crise como operação *noética* supõe *discriminação* e comparação, visando a superação sintética de oposição entre elementos mediante um juízo, segundo critérios de avaliação, condensação e minimalização dos aspectos comuns entre eles, conforme diz nosso autor.

No plano ontológico, a crise é vivida como *descontinuidade* entre diversas situações históricas ou diferentes teorias científicas. A descontinuidade se caracteriza pela interrupção de uma presença, pela periodicidade eventual, pela inserção de uma presença nova na continuidade temporal, espacial, lógica ou existencial. A descontinuidade implica então a idéia de mudança capital, de transição do *mesmo* ao *outro.* Não se identifica com a interrupção em si mesma, mas com a manifesta; supõe a distinção axiológica entre *simples interrupção* e a *crise essencial.* A crise não representa apenas uma interrupção, mas também a *consciência da ameaça* da interrupção e da *tentativa de evitá-la,* para um ser que busca conservar ou enriquecer a sua existência. Assim, tanto no plano individual, quanto no coletivo, a crise sempre implica a consciência da existência e as noções de *ponto* ou *período crítico,* que obrigam à mudança ou reestruturação do sentido do existir.

A noção de *crise* aparece, do ponto de vista da história da filosofia, associada à noção de *controvérsia*[145], diz nosso autor.

Esta noção surge relacionada a um conjunto de outras, como: *oposição dialética, contradição, confronto* e *enfrentamento*.

Definida a *controvérsia* como certo "número de juízos de valor, ligeira ou substancialmente divergentes, a propósito de um objeto de consciência"[146], Moutsopoulos mostra que o homem pode experimentar modos de coexistência de situações "similares, diferentes ou contrárias", com relações que podem ser de "identidade, analogia ou ainda de homologia, dessemelhança, superação ou (...) oposição"[147]. A noção de *controvérsia* exporia a idéia de *oposição*. No caso da *oposição dialética*, teríamos os exemplos históricos da oposição entre *ser* e *vir-a-ser*, que remonta a Parmênides; a da oposição entre *liberdade* e *determinismo* na natureza, em Kant; a entre *tese* e *antítese*, na filosofia hegeliana. No caso da *contradição*, teríamos a *oposição lógica*, estudada pela lógica bivalente aristotélica e pela lógica informacional, na atualidade. Apontando a existência de graus de oposição, Moutsopoulos analisa dois deles: o *confronto* e o *enfrentamento*, tratando de caracterizá-los.

No *confronto*, antagonistas francamente hostis reivindicam as mesmas coisas. É expectativa ou preparação para uma *luta, efetivamente a ocorrer*, ou oposição de *argumentos*, tal como se dá na tragédia ou na fuga musical.

---

[145] E. MOUTOSOPOULOS, La notion de controverse, Philosophia, Atenas, Academia de Atenas, n. 33, 2003, p. 21-25.
[146] Id., ibid., p. 21.
[147] Id., ibid.

No caso do *enfrentamento*, temos um conflito já desencadeado, do qual não é possível prever o resultado. Novamente Moutsopoulos recorre à analogia com o processo musical, dando como exemplo de enfrentamento o *contraponto*. Este não visa a anulação dos sons em oposição, mas a instauração de um diálogo e uma consonância entre eles.

Recusando a controvérsia pela controvérsia, nosso pensador, inspirando-se em Aristóteles e Platão, propõe o exercício da boa-fé, da boa vontade, da tolerância e do respeito, pelos contendores, de modo a solucionar a aparente irredutibilidade dos contrários pela justaposição de perspectivas ou pela descoberta de uma racionalidade comum, conduzentes à superação da controvérsia, situação passageira e não imutável. A atitude de abertura possibilita, assim, o ultrapassamento da crise, mediante o apelo a momentos propícios. Nesse texto, Moutsopoulos associa estreitamente as noções de *crise* e de *kairós*, de *crise* e *oportunidade de superação* da crise, tema que retomará aprofundadamente em escrito ulterior, conforme já assinalamos. E o recurso à musica, a termos e conceitos musicais para a compreensão da noção de crise, já emerge aqui: é um dos aspectos mais interessantes de reflexão de nosso autor, ele próprio músico e filósofo. Retornaremos ao assunto adiante.

A crise vivida pela consciência individual pode ser amplificada, tornando-se *crise histórica*, quando uma sociedade acumula pressões que ameaçam sua sobrevivência.

Examinando a essência, estrutura e forma das crises históricas, Moutsopoulos mostra que a noção de crise está sempre associada a um impasse aparente ou real, vivido por certa sociedade como uma prova, que põe em jogo sua sobrevivência.

A crise corresponde, assim, à consciência da ameaça de uma ruptura na vida histórica de uma sociedade. A ameaça é sempre marcante, dada a irredutibilidade dos conflitos que enfrenta. Comporta: uma *fase preparatória*, na qual se acumulam fatos que ameaçam a continuidade da sociedade; *um ponto culminante*, e finalmente uma *terceira fase*, que pode ser de *superação* ou de *marasmo*, conforme a sociedade ultrapasse ou não a crise. Caso não seja ultrapassada, a crise se arrastará, prolongando-se até a destruição da sociedade.

No ponto culminante da crise ocorrem situações que possibilitam à sociedade buscar, em seu passado, *critérios* para selecionar o que permanece e o que será rejeitado, da sua configuração atual. Da profundidade do que ela conseguir absorver desta, no seu mergulho na tradição da qual provém, resultará o sucesso ou fracasso da sua tentativa.

Na história entendida como tradição[148], o homem, ao criá-la, cria a si mesmo. O sentido da história é, para o ser humano, a passagem em direção e um ser-mais. Moutsopoulos compara tal processo criador a "uma série de variações sobre um tema inicial (...) reconhecíveis e cada vez mais exploradas, explicitadas, afirmadas..."[149]. Diz ainda que a história pode ser considerada "como uma série de fugas"[150] [musicais], nascendo umas em função das outras, desaparecendo e depois reaparecendo novamente, combinando tensão e distinção e culminando em catarses, que desencadeiam

---

[148] Id., L' histoire comme tradition: acceptation et dépassement, in MOUTSOPOULOS, Kairós, Paris, Vrin, 1991, p. 291-293.
[149] Id., ibid., p. 292.
[150] Id., ibid.

novas séries de episódios. Estagnação e aceleração se alternariam, no tempo, compondo um *ritmo*: "A história é tradição (...)" que se reafirma através do homem que busca conhecê-la, para transformá-la[151]. Continuidade e ruptura aí estão em causa; e a crise, assim desvelada, é consciência da ruptura e da possibilidade de transformação nela contida.

Nosso filósofo aborda a *continuidade* e a *descontinuidade* em história, que, como vimos, são o fulcro da sua reflexão sobre a noção de *crise*[152].

A controvérsia, entre continuísmo e descontinuísmo em história, encontra paralelos no plano epistemológico, com as noções de *duração contínua* e de *ruptura*, que opuseram Bergson e Bachelard. Sem pretender discutir "a estrutura repetitiva ou evolutiva, cíclica ou linear da história"[153], Moutsopoulos discute a questão em termos de existência de uma *avaliação qualitativa* dos eventos históricos.

Contrariamente aos eventos naturais, que podem repetir-se em tempos e lugares diversos, os eventos históricos se apresentam como únicos e se inscrevem numa sucessão temporal geral. A sucessão é abordada, na perspectiva clássica, segundo as categorias do passado, presente e futuro. Nosso autor propõe novas categorias, as do *não-ainda* e do *nunca-mais*, que poderiam, a seu ver, dar conta da dimensão qualitativa, chamada por ele de *kaírica*, da história. Por *kairós* o filósofo entende "o instante propício, o momento oportu-

---

[151] Id., ibid., p. 293.
[152] Id., Continuité et discontinuité en histoire, Éleutheria, 2, 1979, p. 214-217, *in* Kairós, Paris, Vrin, 1991, p. 282-284.
[153] Id., ibid., op. cit., p. 282.

no, único (...) colocado numa sucessão normal de eventos, e em função da qual tais eventos são divididos em duas séries bem distintas: a que precede e a que segue o ato histórico (...)"[154].

A inserção de um momento kaírico pode ser intencional, expondo a dialética dele do outro, do contínuo e do descontínuo, na história. As idéias da existência de instante privilegiado, que possibilita a solução da crise e a da oposição entre continuidade linear do tempo e ruptura, levarão nosso pensador a considerar as possibilidades e os limites de uma história serial[155], de uma história que evoluiria de modo análogo, no tempo, ao evoluir de uma música serial. Trata-se aqui de examinar aquilo que Moutsopoulos chama de "história dos filosofemas, elementos temáticos de história das idéias"[156], à luz de categorias musicais: "nascimento, desenvolvimento, superposição, desaparecimento, reaparecimento, espraiamento, concentração"[157]. Essa abordagem, inicialmente aplicada aos filosofemas, no plano de história das idéias, foi depois ampliada para a compreensão: da metodologia da história da filosofia, da noção de desenvolvimento, da filosofia da história e do processo histórico, em diversos estudos que compõem um amplo painel interpretativo da história em geral e, como veremos, ligados à compre-

---

[154] Id., ibid., p. 283. Cf. também E. MOUTSOPOULOS, "Avant-propos", *in Kairós*, p. 11-14 e "Maturation et corruption: la notion de Kairós", *in op. cit.*, p. 20-33. Ver ainda C. MARCONDES CESAR, *Le Kairós artistique*, Atenas, Diotima, n. 16, 1988, p. 96-99.
[155] Id., "Possiblites et limites d' une histoire sérielle", *in Kairós*, p. 284-286.
[156] Id., ibid., p. 284.
[157] Id., ibid.

ensão das *crises* e de sua superação[158], bem como às noções de *ritmo* temporal e de *intencionalidade* da história.

A história serial, proposta por Moutsopoulos, inspira-se no estruturalismo, enfocando a realidade no seu acontecer. A expressão "história serial" aplica-se no sentido musical do termo, referindo-se a "um grupo de elementos (ou entidades) sonoros, organizado segundo certa ordem amplificável e redutível, mais que reversível (...), admitindo (...) manipulações, enquanto sua estrutura interna permanece inalterável"[159].

Criticando Hegel e as concepções dogmáticas do vir-a-ser histórico, nosso autor integra contingências históricas em vastos conjuntos, reconhecendo a importância do fator humano e de liberdade no acontecer, bem como o caráter "fúgico" do vir-a-ser.

Em um texto de 1974, anterior, pois, ao que estudamos agora, Moutsopoulos trata de responder à seguinte questão: "É possível uma categorização da história?"[160]. O problema é interessante, na medida em que nosso autor distingue entre *acontecimento* e *acontecimento histórico*, assinalando que este último é sempre um fato excepcional, que se impõe como tal a diferentes consciências e que produz conseqüências amplas. Daí nosso autor distinguir três características que são constitutivas, a seu ver,

---

[158] Id., A história da filosofia como ciência histórica e meta-histórica (em grego), Parnassos, 1996, p. 367-387; Y-a-t-il une méthode par excellence en historiographie philosophique? In L' Univers des valeurs, univers de l' homme, Atenas, Academia de Atenas, 2005, p. 86-93; L'idée de développement, *in* Kairós, p. 82-89; Historiologie philosophique et philosophie de l' histoire, *in* MOUTSOPOULOS, Philosophie de la culture grecque, Atenas, Academia de Atenas, 1998, p. 399-402; Continuité et discontinuité em histoire, *in* Kairós, p. 282-286; L' histoire comme tradition, Kairós, p. 291-293; Une catégorisation de l' histoire est-elle possible?, Kairós, p. 266-269; Les crises historiques, *in* L' univers des valeurs..., p. 326-341.
[159] Id., Possibilité et limites d' une histoire sérielle, op. cit., p. 285.
[160] Id., Une catégorisation de l'historique est-elle possible?, *in* Kairós, p. 266-269.

de um fato histórico: a sua *unicidade*, o seu caráter *crítico*, a sua *novidade*. Nesse texto, de certo modo está prefigurada a relação entre os conceitos de *crise* e de *Kairós*: a idéia da descontinuidade temporal, instauradora do novo – elemento essencial da crise; e a idéia de novidade, de oportunidade, de fato crucial, associada à idéia de *Kairós*. Os três componentes do *fato histórico* assinalam, assim, a compreensão e a intervenção da consciência individual e/ou coletiva, que produzem, no tempo, a alteração qualitativa do acontecer, transmutando o puro fluir em fato, memória e história.

O texto em pauta também prefigura o desenvolvimento ulterior de reflexão do nosso filósofo, quando este propõe modelos interpretativos da história e da cultura, inspirando-se em modelos musicais, como já vimos esboçar-se supra e reiterar-se aprofundadamente em textos escritos entre 1980 e 1981[161]. Detalharemos o assunto mais adiante.

Compreendendo a história como uma série de acontecimentos únicos, cuja causalidade e inter-relação é reconstituída pelo historiador, nosso filósofo põe a questão da verdade histórica. Dialogando com diversos autores, como Bachelard, Collingwood, Husserl, Raymond Aron, examina as possibilidades de interpretação dos eventos.

De Bachelard, retoma a idéia de que é preciso adequar interpretação e temporalidade; de Collingwood, a distinção entre o aspecto exterior e a repercussão subjetiva, interior, do acontecimento; de Husserl, a idéia de que a causalidade histórica deve

---

[161] São eles: Modèles historiques et modèles culturels, *in* Kairós, p. 261-265; De quelques applications de modèles musicaux dans les sciences humaines, *in* L' Univers des valeurs..., p. 229-239.

ser enfocada na sua relação com a consciência intencional dos criadores da história; de Raymond Aron, a advertência referente aos limites de objetividade de toda investigação nesse campo. É a partir desses autores que Moutsopoulos introduz sua própria concepção das relações entre história e verdade, consciência e tempo, cujo eixo é a noção de kairicidade, intervenção oportuna no fluir do acontecer, segundo as categorias do *não-ainda* e do *nunca-mais*.

É à luz das fontes supracitadas que nosso autor analisa o papel dos mitos históricos[162].

Ele distingue entre dois níveis de referência aos mitos históricos. No primeiro, enfatiza o vínculo entre mito e passado ou futuro; no segundo, o vínculo entre o mito heróico e os personagens históricos. Em qualquer caso, trata-se de interpretar a causalidade histórica segundo as aspirações humanas. A valorização do *passado* aparece, por exemplo, nos poemas de Hesíodo e Virgílio, na leitura da história por Heródoto e, modernamente, nas reflexões de Voltaire e Michelet. A mitificação do *futuro* representa a superação de um presente decepcionante, como os diferentes profetismos o evidenciam, bem como as teorias da História de Agostinho, Hegel, Comte, Marx.

Na leitura heróica de história, o mito visa expressar, através da figura do herói, o sentido da existência em dado momento. Assim, "pela qualidade de seus esforços [Gilgarmesh, Hércules, Ulisses] se elevam ao nível de símbolos da humanidade"[163]; de modo inverso, o personagem histórico pode ser

---

[162] Id., Histoire et Mythes historiques, in *Kairós*, p. 312-322.
[163] Id., ibid., p. 318.

elevado ao nível lendário, como, por exemplo, se deu com Joana d'Arc.

No mundo presente, dado o caráter relativista da concepção da vida e do homem e dada a ausência de heróis ou de profetismos, atores ou atletas são guindados à posição de heróis. E "é aqui que um pensamento kaírico poderia intervir de modo salutar", diz Moutsopoulos, repropondo valores que permitam enxergar os empreendimentos humanos na sua profundidade e grandeza, face a desafios como o "da conquista do espaço"[164].

É à luz deste amplo painel sobre o significado do existir humano e do acontecer no tempo que é preciso compreender a crise atual.

Entendendo, como vimos, toda crise como uma descontinuidade, uma ruptura no fluir da história de uma sociedade, é que nosso filósofo trata de considerar sua *estrutura* e sua *forma*.

Nas concepções clássicas, a crise é sempre resultado do próprio devir histórico, uma vez que toda sociedade traria em seu bojo o germe de sua própria degeneração, pois que uma crise já se acharia implícita no seu momento de apogeu, e apenas se explicitaria ulteriormente, na fase de decadência. Essa concepção acha-se presente na tradição da filosofia grega e é retomada, modernamente, por Vico, Spengler, Toynbee.

Diferentes concepções de crise são examinadas por nosso filósofo, enfocando as obras de Bossuet, Hegel, Collingwood, Teilhard de Chardin. Para Bossuet, a história se apresenta como uma linha ascendente, interrompida aqui e ali por desvios repentinos; para Hegel, a história tem uma estrutura helicoidal,

---

[164] Id., ibid., p. 322.

dialética; para Teilhard de Chardin, a linha histórica é ascendente, expondo a conversão ao mundo do espírito; para Collingwood, as crises expressam a presença, no tempo, de um herói, cuja história pessoal repercute na sociedade inteira, provocando mudanças.

Para Moutsopoulos, a realidade histórica é poliédrica; sua marcha, é polifônica. Nela, a crise é evento polifônico, "(...) drama que comporta seu enredo e seu desenlace"[165].

Como na polifonia, onde há "ligação funcional de elementos que nascem um do outro por continuidade ou oposição, se entretecem ou se separam, se desenvolvem ou se corrompem, e desaparecem para reaparecer com insistência, criando construções e relaxamento (...)"[166], assim também as crises históricas se sucedem, desaparecendo e reaparecendo. Nelas, a dramaticidade tem estrutura semelhante à da fuga musical, correspondendo ao instante crítico, de ruptura do envolver de uma sociedade.

Reconhecendo três grandes etapas ou formas das crises históricas, Moutsopoulos aponta como a *primeira* grande crise a *passagem do matriarcado ao patriarcado*, tal como autores de diferentes orientações a apresentaram: Frazer, em *O Ramo de ouro*; Lévy-Bruhl, em *A mentalidade primitiva* e em *As funções mentais nas sociedades primitivas*; Lévi-Strauss, em *O pensamento selvagem* e em *Mitológicas*; Cazeneuve, em *A mentalidade arcaica*. Tais autores convergem na consideração da crise como sinônimo da *coexistência de elementos opostos*.

---

[165] Id., Les crises historiques, *in* L'Univers des valeurs..., p. 336.
[166] Id., ibid.

Afirmam que são desencadeadas pela impossibilidade de as sociedades superarem rapidamente o confronto entre esses elementos.

A *segunda* grande crise apresenta componentes sociais, morais e ideológicos, e ocorreu com *o aparecimento do Cristianismo*, prolongando-se durante muito tempo, em vista das dissidências e heresias que surgiram em seu bojo.

A *terceira* grande crise foi de caráter econômico, social, moral, ideológico e político; deu-se com a *Revolução Industrial*, acompanhada pela *Revolução Tecnológica*.

Em todas essas crises, Moutsopoulos reconhece uma mesma estrutura, composta pela *ameaça de descontinuidade* de uma sociedade, causada pelo impacto de forças externas e por fraquezas e lutas internas. Estão associadas, as crises, a um *desvio* ou *retorno* ao passado, como esforço para aí buscar elementos para enfrentar as ameaças, reafirmando a identidade da sociedade em questão.

A crise pode ser salutar, dado que uma sociedade sem crises "seria simplesmente uma sociedade em letargia ou em vias de morrer"[167].

Moutsopoulos analisa, a partir dessas idéias, a crise atual das universidades. Mostrando que, desde a Idade Média, a universidade passou por inúmeras crises, trata de expor seu modelo geral, estabelecendo analogias entre a crise das gerações e o desaparecimento do peso científico e moral das pessoas, bem como a substituição, nas universidades, do *espírito de investigação* por um *espírito profissionalizante*.

---

[167] Id., ibid., p. 340

A crise tem como fulcro o desenvolvimento assimétrico entre os *objetivos* essenciais de universidade (a excelência e a pesquisa) e o seu *crescimento externo* (a democratização). Ou seja, o crescimento numérico de pessoas com acesso à Universidade não foi acompanhado por igual crescimento e aprofundamento da pesquisa. Para que a Universidade sobreviva e garanta sua excelência, assim como a qualidade de sua produção científica, seria necessária a criação imediata de ótimas condições de trabalho e de investigação em cursos de pós-graduação e a aceitação da transformação de algumas universidades em escolas profissionalizantes, deixando a atividade científica restrita e fundações dedicadas à pesquisa de ponta.

Como vimos, as possibilidades de superação das crises consiste, para nosso autor, num mergulho na tradição, para aí buscar renovadas forças para enfrentar os desafios do presente.

É no exame do significado da tradição[168] que nosso filósofo retoma o problema das crises históricas e de sua superação.

Encarando a história como a imagem da presença do homem no mundo, criação humana na qual este se espelha e expressa sua busca de um ser-mais, Moutsopoulos estabelece um paralelismo entre o processo histórico e as variações sobre um tema inicial, cada vez mais explicitado e afirmado por uma sociedade. Assim, a história aparece, analogamente à música, como uma série de *variações*, uma série de *fugas*, onde os elementos nascem, desenvolvem-se, desaparecem e reaparecem, assegurando assim *continuidade* e *unidade* de sua criação. Na história, elementos se desenvolvem, ampliam, retraem, segundo um ritmo de tensão ou distensão, dramático, que

---

[168] Id., L'histoire comme tradition: acceptation et dépassement, *in* Kairós, p. 291-293.

se resolve numa *catarse*, prefiguradora de nova série de episódios. O ritmo alternante da história se expressa como sucessão de períodos de *estagnação* e de *aceleração*, observáveis no interior de cada etapa ou fase, ou de uma época para outra.

A história se apresenta como tradição, para a consciência histórica que busca conhecê-la e superá-la. Superação, transformação implicam em *descontinuidade* e *reativação* de elementos anteriores, de modo a produzir *renovação, passagem criadora em direção ao ser-mais*. Crise e kairós, ruptura e oportunidade, estão, assim, relacionadas.

A noção de *kairós* aparece relacionada às de *maturação* e *corrupção*, enfocadas dos pontos de vista epistemológico, ontológico e axiológico.

Do ponto de vista *epistemológico*, é a passagem de uma insuficiência a um excesso, de uma condição ótima à sua superação. Implica a consciência do instante único, decisivo, apreendido como ponto crítico por excelência. As categorias *lógicas* aí consideradas são as de *anterioridade* e *posterioridade*; no caso de *consciência*, a noção envolvida é a da *intencionalidade*, entendida num sentido bergsoniano, de atividade fundante; no caso da *temporalidade*, as categorias envolvidas são a do *não-ainda* (ὀύπω) e a do *nunca-mais* (Ούχέπ).

Do ponto de vista *ontológico*, a estrutura kaírica expõe a estrutura do ser, ou seja, a passagem, neste ser, "de um estado fraco a um estado forte, de um estado de ser a um estado de ser-mais ou, inversamente, de um estado forte a um estado fraco, de um estado de ser a um estado de menos-ser (...)"[169]. A

---

[169] Id., ibid., p. 24.

noção implícita é a de descontinuidade que, como vimos, está associada à idéia de *crise*. O kairós se mostra, na temporalidade, como o instante privilegiado, o *tempo qualitativamente considerado*, o *tempo vivido*, por oposição a uma concepção puramente esquemática de temporalidade. Às categorias do *não-ainda* e do *nunca-mais*, discernidas no plano epistemológico, acrescentam-se as categorias do *não-ainda-aqui* e do *nunca-mais-em-parte-alguma*, vinculando, assim, *tempo* e *espaço*, *ser-mais* e *menos-ser*.

Do ponto de vista *axiológico*, "a kairicidade é estruturação que permite fixar um ponto a cada vez único, que serve para estabelecer uma nova descontinuidade quantitativa e qualitativa no interior de uma sucessão descontínua (...)"[170]. A questão axiológica aí considerada é que o Kairós funciona como referência para as condutas que a consciência assumirá, nos planos da ética e estética, ciência e técnica. O kairós representa, então, o ponto crítico, o momento decisivo da escolha e da ação; é criação da consciência, que lhe permite aprender o significado próprio de seu ser no mundo, a estrutura de sua existência.

Dois textos, aos quais já nos referimos[171], mostram o aprofundamento, na década de 80, da reflexão de nosso autor sobre a história.

No primeiro, *Modelos históricos e Modelos culturais*, Moutsopoulos trata de apresentar diferentes interpretações do processo histórico, concluindo com a proposição de seu próprio modelo interpretativo, inspirado, como vimos, em categorias musicais. O tema, recorrente na obra de nosso filósofo, adquire

---

[170] Id., ibid., p. 28.
[171] Cf. nota 20.

aqui um sugestivo enriquecimento. Tratando de compreender o processo em questão, mostra as duas faces de história: a de *sucessão* das ações e a da sua *reconstituição interpretativa*, feita segundo modelos. Nosso autor põe em relevo quatro deles: os poéticos, os religiosos, os científicos e os sintéticos, inscrevendo sua própria interpretação nessa última categoria.

Os modelos *poéticos* ou genéticos acham-se em todas as sociedades arcaicas, vinculando mitos cosmogônicos e antropogônicos, como bem o mostrou a antropologia estrutural contemporânea. A sua finalidade é reforçar a identidade dessas sociedades, recorrendo ao seu passado. A temporalidade é vivenciada como uma contínua deterioração e perda, em contraposição ao tempo mítico, das origens, da plenitude e proximidade com os deuses. E. Moutsopoulos assinala a recuperação filosófico-metafísica dessa concepção, na obra de Plotino, através das noções de *processão* e *conversão* a que ele recorre, bem como da *visão cíclica* do tempo entre os estóicos.

Os modelos *religiosos*, também orientados em direção ao passado, indagam, como os modelos poéticos, quanto à origem da humanidade. Podem, ainda, voltar-se para o futuro, propondo uma escatologia justificadora da existência de certa sociedade. A concepção agostiniana da história exporia de modo exemplar esse tipo de modelo, o qual também seria expresso na concepção veiculada pela Reforma.

Os modelos *científicos* representariam a continuação dos precedentes, enfatizando a noção de progresso, mas recusando toda transcendência. Condorcet, Hegel, Comte apontam para um progresso associado à idéia de uma fase de realização plena do homem na própria temporalidade.

Moutsopoulos adota, confrontando-se com essas teorias, um *modelo sintético*, inspirado em Bachelard e na música serial. Os modelos históricos assim caracterizados seriam "pluridimensionais, polifônicos, poliaxiais" e "pluricêntricos"[172], recobrindo e superando as concepções anteriores e promovendo a idéia do homem "como membro de uma sociedade universal, mas também como pessoa livre"[173].

Estabelecendo analogias entre sua posição e a de Toynbee, o qual concebe a história como um fluxo que comporta progresso, regressão e repetições, nosso filósofo enfoca de modo complexo a sucessão temporal[174]. Como Bachelard, no qual se inspira, sobretudo na *Filosofia do Não*, Moutsopoulos pretende ter proposto, no âmbito da teoria da história, uma concepção que abarcaria e superaria as anteriores.

Num escrito da mesma época, *Algumas aplicações de modelos musicais em ciências humanas*[175], a abordagem é ampliada e aprofundada. É um dos trabalhos mais interessantes, a nosso ver, para compreensão da teoria da história de Moutsopoulos, na qual se inscrevem, como temas centrais, as noções de *crise* e de *kairós*.

Propondo a música como chave de interpretação da existência do homem no mundo, inverte a perspectiva tradicional platônica, que vê na filosofia a "música suprema", afirmando a música como filosofia suprema[176]. É nessa perspectiva que po-

---

[172] Id., ibid., p. 264 e 265.
[173] Id., ibid., p. 265.
[174] Id., ibid., p. 264.
[175] Id., De quelques applications de modèles musicaux dans les sciences humaines, *in* L'Univers des valeurs, univers de l'homme, Atenas, Academia de Atenas, 2005, p. 229-240.
[176] Id., ibid., p. 239.

demos ressaltar a originalidade e a fascinante leitura da temporalidade, em nosso autor.

Reportando-se a Pitágoras, o filósofo mostra que modelos musicais, desde a Antigüidade, inspiravam as investigações sobre astronomia, acústica, tendo ressonâncias na antropologia e na teoria política de Platão. Certas noções musicais, como as de *melodia, harmonia, ritmo,* foram empregadas contemporaneamente nos campos da *psicologia, antropologia* e *história* e, por Moutsopoulos, na filosofia da história e na crítica da cultura.

No campo da psicologia, as idéias de estrutura organizada, de integridade, de constância, de repetição, foram amplamente utilizadas pela Gestalt, como as obras de Ehrenfels, Köhler, Meinong evidenciaram, reportando-se a procedimentos que reaparecem na "música dodecafônica de Alban Berg (...), ligeiramente ulterior à primeira elaboração dos princípios fundamentais da teoria da forma"[177].

No plano de antropologia, as obras de Lévi-Strauss, notadamente *Antropologia Estrutural* e *Mitológicas,* estabelecem "estreita relação entre estrutura musical e estruturas antropológicas", no âmbito da organização do material colhido, da diversidade dos modelos reconhecidos e da afinidade que estabelece entre a estrutura dos mitos e estruturas musicais[178]. Nosso filósofo põe em relevo, na obra do antropólogo francês, a articulação do comentário mediante recurso a artifícios próprios da composição musical, bem como a denominação de capítulos com terminologias retiradas da música: temas, variações, concerto, fuga, sonata etc., estabelecendo um pa-

---

[177] Id., ibid., p. 233.
[178] Id., ibid., p. 233-234.

ralelismo estreito entre o mito e a música. Trata de evidenciar que "o mito, como a música, é de natureza plástica e maleável"[179], de modo que recorre a uma lógica diversa da estritamente científica, mas aparentada com a da estrutura musical.

A análise inspirada em aproximações morfológicas foi empregada, antes de Lévi-Strauss, por autores como Granet, Dumézil, Grégoire, Wagner, anunciando uma "equivalência entre o estatuto ontológico da obra musical e do mito"[180], que apoiou o paralelismo epistemológico e metodológico a que Lévi-Strauss recorreu.

No plano da *história*, entendida como exame da evolução da humanidade através do tempo, integrando os eventos num amplo complexo de fatos, Moutsopoulos discerne, nas interpretações pitagóricas, platônicas, estóicas, a idéia de *ritmo*. Essa idéia será retomada modernamente por Vico, Bossuet, Hegel, Spengler, Toynbee.

A seguir, nosso filósofo expõe sua própria concepção, que ele chama de *fúgica*, mostrando a alternância rítmica do vir-a-ser, aproximada de estrutura da música serial que se inspira no dodecafonismo e é antecipada por Schönberg.

Aplicado à realidade histórica, esse método interpretativo enfoca os eventos "como repetições de um mesmo modelo universal sob formas diversas..."[181]. Assim, para nosso autor, a música, enquanto "estrutura (...), sonho encarnatório (...), impõe-se (...) como termo de referência (...) para um esforço científico estruturalista inspirado por uma intenção fenomenológica (...)"[182], que visa compreender a sucessão temporal.

---

[179] Id., ibid., p. 234-235.
[180] Id., ibid., p. 236ss.
[181] Id., ibid., p. 239.
[182] Id., ibid., p. 240.

Reteremos, como essencial, a noção de *ritmo alternante*, aqui exposta, para a compreensão das crises históricas e de relação entre os conceitos de *krisis* e de *kairós, e de kairós* e *alternância.*

A idéia de *kairós* aparece ligada à de humanização do tempo[183] e, pois, à de superação de crises.

Mostrando a importância da intencionalidade da consciência para a apreensão do curso do tempo, das horas propícias, das categorias do *antes* e do *depois,* do *não-ainda* e do *nunca-mais,* categorias que denomina de kaíricas, nosso filósofo recorre à consideração das relações entre tempo e consciência em Bergson, Husserl, Piaget, para concluir que "a vida da consciência é, de fato, uma eterna busca do kairós"[184]. Insere, assim, a atividade consciente humana num universo temporal inumano, visando humanizar o homem e instaurar seu mundo.

A idéia de alternância é posta, pelo filósofo, em relação com as idéias de *Kairós* e da *descontinuidade* no interior de uma continuidade, vinculando estreitamente os termos *crise* e *kairós,* uma vez mais[185]. Para nosso autor, kairós é o instante irrepetível, a oportunidade única, que ocorre no seio de uma repetibilidade, seja esta cíclica ou alternante.

A alternância consiste, na vida humana, na "sucessão mais ou menos regular (...) de dois ou mais estados (...) que se substituem (...)"[186], como na música os tempos fortes se sucedem aos

---

[183] Id., Kairós on l'humanisation du temps, *in* Kairós, p. 90-93.
[184] Id., ibid., p. 93.
[185] Id., Kairós et alternance: d'Empédocle à Platon, *in* Philosophie de la Culture Grecque, Atenas, Academia de Atenas, 1998, p. 49-56.
[186] Id., ibid., p. 51.

fracos, segundo um ritmo freqüentemente binário. Na filosofia, Vico, Hegel, Bergson e Lévinas mostram essa alternância na história; na Antigüidade, o ritmo alternante do tempo aparece em Hesíodo, Anaximandro, Heródoto, Empédocles, Platão.

É no interior dessa alternância que a kairicidade se expressa. Ele consiste no instante infinitesimal no qual as duas forças opostas se equilibram e uma estabilidade, embora provisória e precária, impõe-se: "Esse dinamismo, do qual os diversos modelos de alternância são expressões particulares", é a expressão da kairicidade intencional da consciência[187], instante decisivo no qual esta se confronta com uma plenitude alcançada e uma carência reconhecida.

É no horizonte dessas reflexões que Moutsopoulos trata de compreender a racionalidade da história, entendida como o laço essencial entre *crise* e *Kairós*, exposta no texto de 2004, que sintetiza e aprofunda os anteriores.

Partindo da consideração da racionalidade do processo histórico[188], segundo um movimento pendular que se complexifica por alternâncias de progressão e regressão, tal como se apresentou na tradição antiga, nos escritos de Anaximandro, Empédocles, Heródoto e dos trágicos, bem como em Platão, expressando, respectivamente, a Diké e o conflito entre *neikos* e *filotés*, entre *hybris* e *tísis (némesis)*, sucessão de rotações do universo em sentidos contrários, de equilíbrio instável, nos planos cósmico e social, é que Moutsopoulos a contrasta com a idéia

---

[187] Id., ibid., p. 55.
[188] Id., ibid., Rationalité de l'histoire. Crises et opportunités historiques, *in* L'Univers des valeurs..., p. 342-348.

moderna, de evolução linear de história, em vista da realização da humanidade, tal como a conceberam J. de Fiore, Hegel, Victor Cousin, Comte, e, na Grécia, Petros Vraïlas-Arménis.

De qualquer modo, quer adote-se uma concepção cíclica, alternante ou linear da história, o que deve ser retido, segundo nosso filósofo, é a afirmação da existência de uma racionalidade que nela se expressa, através da co-implicação de causas e efeitos de modo que uma trajetória aí se esboça, formando uma tessitura na qual se refletem as aspirações humanas.

Essa racionalidade presente no acontecer causa espanto, admiração e angústia no homem, na medida em que eventos imprevistos modificam o que ele desejou, temeu, provocou ou realizou no tempo.

A sucessão de causas e efeitos históricos não implica uma continuidade temporal perfeita; comporta crises, rupturas, superações imprevisíveis, repentinas, casuais ou provocadas.

Retomando a idéia de *alternância dialética* entre opostos e sua *superação*, através do fator humano, Moutsopoulos afirma que a *crise* é sempre resultado da "inserção de uma descontinuidade na continuidade histórica..."[189], que traz em seu bojo a possibilidade de *mudanças* na marcha regular do tempo, de *rupturas* e de *restabelecimento* (ou não) da regularidade interrompida.

Uma vez ocorrida a cesura da continuidade vigente, podem ocorrer tanto a *repetição* do rumo anteriormente seguido, quanto a instauração de um *novo*.

---

[189] Id., ibid., p. 345.

Perante uma crise, o papel do filósofo é tríplice: trata-se, primeiro, de levar em conta os seus *sinais precursores*, o anúncio da mudança; *durante* e *após* o evento traumático, de reconhecer as *sobrevivências* do passado, aquilo que pode ser resgatado de tradição em dada sociedade; e, finalmente, de *reinterpretar* a racionalidade dos acontecimentos, à luz da ruptura ocorrida.

Crise e *oportunidade* da mudança estariam, assim, estreitamente ligadas. A oportunidade (Kairós) é a brecha numa continuidade histórica provocada pela consciência humana, que *intervém* no acontecer para *modificar* seu curso ou *reafirmar*, perante ameaças de descontinuidade, certa direção. Para tanto, deve instalar-se numa perspectiva de *futuro*, a fim de apreender o instante propício.

Kairós é, então, a oportunidade reconhecida por uma consciência capaz de fazer previsões e provocar um novo equilíbrio, substituindo uma racionalidade dada por uma intencionalidade nova.

Em suma, interpretando numa perspectiva evolutiva a marcha da consciência no tempo, segundo as categorias da *crise* e do *Kairós*, Moutsopoulos pretende provocar uma nova visão da história. Recordemos, em síntese, o que propõe. A *crise*, numa sociedade, consistiria na *repetição*, não de eventos, mas de *situações* que implicam uma ruptura da continuidade temporal, uma mudança da sorte, seja num sentido *negativo*, de sua destruição ou desaparecimento, seja num sentido *positivo*, de sua alteração qualitativa em direção a um ser-mais.

No sentido *positivo*, a crise é identificada com a "oportunidade", o "instante propício", o "tempo favorável", o momento culminante que possibilita a passagem para um nível qualitativamente mais alto, um ser-mais, no plano espiritual de uma sociedade que foi capaz de abeberar-se da riqueza de seu passado e de sua tradição, respondendo aos desafios presentes e projetando seu futuro.

Como na música, na fuga musical, há, na vida de uma sociedade, *temas* – seus valores; *variações* sobre temas – a adequação, a cada nova época, desses valores às novas situações; *alternâncias, repetições* de temas – mergulhos no passado para aí buscar as fontes originais, os valores fundadores da sociedade, reformulando-os perante as novas exigências; *desaparecimento* e *ressurgimento* de temas – fracasso ou sucesso de certa sociedade, na retomada criadora de sua tradição*.

Crise e oportunidade convergem quando a consciência humana é capaz de inserir sua intencionalidade no acontecer, intervindo e provocando a *metabolé*, ou reconhecendo, no vir-a-ser, o instante propício para a decisão que produz a mudança qualitativa necessária à continuidade da vida.

É nesse sentido positivo, de quase identidade entre *crise* e *Kairós*, em que a crise e a oportunidade de sua superação coincidem, que é preciso entender a contribuição original de Moutsopoulos para a compreensão da sociedade contemporânea, à luz de sua teoria da história.

Diz nosso filósofo: "Se nossa época é uma época 'de crise' como 'de crises', é porque se situa num ponto crucial da elaboração da história humana. Ora, *crise* significa discriminação, distinção, separação seletiva (...). Nesse contexto, *crise* significa igualmente *Kairós* (...). Nossa época é, efetivamente, uma época kaírica que se presta à intervenção da intencionalidade da consciência humana, mediante a *práxis*"[190].

---

* A idéia de resposta criadora a desafios lembra a concepção histórica de Toynbee, autor a que Moutsopoulos recorre como uma das fontes de sua interpretação da história.
[190] Id., Espace Kairique, Espace pragmatique de demain, *in* Kairós, p. 101.

Exemplo da *crise* atual é o que nosso filósofo chama de *terricídio*, na *civilização da guerra*; exemplo de *Kairós* é a meditação sobre a possibilidade de passarmos da guerra à paz, e a de os valores se patentearem em sociedades democráticas, na era da conquista do espaço.

Vejamos a questão do *terricídio*. Numa perspectiva que tem pontos de analogia, a nosso ver, com o pensamento de Hans Jonas, Moutsopoulos aponta a irresponsabilidade e a irreflexão dos que exploram destrutivamente a terra, pressagiando sua total destruição. A ameaça à fauna e à flora, já assinalada nas obras de Bosch (*A nau dos insensatos*), de Munch (*O grito*), de Picasso (*Guernica*), de Nicolacopoulos, anuncia a catástrofe, a extinção iminente de vegetais e animais. Já na Bíblia, o episódio de Babel, em Sófocles, a descrição da *hybris* de Ajax, também indicavam, nos planos da tradição religiosa e da arte, os riscos de destruição de um mundo no qual o homem atue sem a prudência necessária.

Evocando Platão e Epicuro, que já falavam da *petteia*, arte dos jogadores de xadrez, técnica que permite prever e calcular os efeitos das decisões tomadas pelos jogadores, visando atingir bons resultados, Moutsopoulos afirma, analogamente, da exigência contemporânea de encontrarmos o kairós entendido como "arte de viver", que impeça a destruição do nosso mundo.

Contraditoriamente, no momento em que trata de aventurar-se no espaço cósmico, o homem pratica o terricídio. O progresso tecnológico, característico de nossa era, expressa uma realização inimaginável até agora, mas não foi acompanhado de um equivalente progresso moral. O desnível entre um e outro gerou uma crise de enormes proporções. A tecnologia é um bem, torna o homem senhor de seu universo, reconhece o filósofo, mas é preciso, diz ele, para mostrar-se benéfica, que seja acompanhada pela afirmação de valores espirituais, os quais têm como eixo a noção de *respeito* pelos diferentes seres do mundo, pelo homem, pelas culturas.

A destruição que nos ameaça não é irreversível; parece mesmo que começa a ocorrer uma reação contra a "espiral infernal" em que nos achamos lançados[191].

Considerando nossa civilização como a da guerra, e esta como a pior manifestação de qualquer crise, Moutsopoulos atribui a desarmonia vigente à inadequação entre a intenção do homem e a realidade, entre o que se propõe a ser e o que efetivamente realiza. Mas afirma também a capacidade humana de progresso cultural, espiritual, deixando entrever a possibilidade de superarmos a violência e a guerra, caminhando em direção a uma vida pacífica, onde a justiça e a liberdade sejam garantidas por um governo mundial livremente eleito[192].

Mostra que o ser humano está voltado à expansão no *espaço*, enquanto domina e integra o meio circundante; no *tempo*, mediante o estabelecimento de referências kaíricas; no plano dos *valores*, objetivando-os, mediante a reestruturação incessante de sua vida[193].

Um dos aspectos dessa expansão no espaço é a exploração do cosmos, que tem como correlato a investigação do mundo do espírito. Inventando novas técnicas, descobrindo novos mundos, o homem pode desvendar novos modos de ser, formu-

---

[191] Id., Avant le terricide définitif, quel espoir?, *in* L'univers des valeurs (...), p. 402-408.
[192] Id., La civilisation: de la guerre à la paix, *in op. cit.*, p. 409-412.
[193] Id., Phénoménologie de l'expansion humaine, *in* op. cit., p. 417-421.

lar novas culturas, estruturar novas sociedades. Diz o filósofo: "Separado da Terra, sua mãe nutriz (...), [o homem] adotará outra [mãe nutriz] que se tornará seu novo lar (...), [que] deverá *assegurar* a continuidade da espécie (...), *ser adaptável* às necessidades das sociedades que aí se desenvolverão, *permitir* a eclosão de uma cultura (...), *desencadear* (...) novas colônias humanas no espaço cósmico"[194].

No que diz respeito aos *valores*, Moutsopoulos afirma o verdadeiro, o bem e o belo como critérios universais[195], aos quais as novas civilizações e novas culturas vão referir-se, adaptando-os às novas situações.

Uma das características de nossa época é, para o filósofo, a substituição da importância da noção de tempo pela de espaço. Para Moutsopoulos, Bergson prefigurou essa mudança, opondo à noção comum de tempo o conceito de *duração*: analogamente, no pensamento científico contemporâneo, "o tempo é considerado como uma noção puramente auxiliar e (...) um simples instrumento de trabalho"[196].

Nosso filósofo, afirmando a noção de kairicidade, aplicada ao tempo e ao espaço, reforça essa tendência, uma vez que substitui categorias temporais tradicionais pelas do *não-ainda* e do *nunca-mais*, às quais acrescenta as *espacio-kaíricas* do *não-ainda-aqui* e do *nunca-mais-em-parte-alguma*, que põem em relevo o espaço-tempo qualitativamente considerado.

Ao lado desses aspectos epistemológico e axiológico da questão, um novo fator se inscreve de modo a acentuar a importância

---

[194] Id., Expansion de l'homme, implosion de l'espirit, *op. cit.*, p. 423.
[195] Id., Les valeurs dans l'espace cosmique, *in* op. cit., p. 425ss.
[196] Id., L'espace cosmique: hier, aujourd'hui, demain, *in op. cit.*, p. 431.

do espaço: é a possibilidade, já entrevista hoje, de "disseminação" de ao menos uma parte da humanidade no espaço cósmico, ele próprio em dilatação e expansão contínuas (...)[197].

Diz ele ainda: "Substituído pelo *kairós*, o tempo é, pela primeira vez, marginalizado em favor do espaço. O espaço, na ocorrência espaço cósmico (...), torna-se, graças ao homem (...), o protagonista da aventura humana"[198].

Isto desencadeia, no plano da filosofia, uma atitude antrópica, que se expressa pela ênfase dada ao significado humano da investigação científica, buscada tanto pelos pensadores quanto pelos cientistas. Trata-se de integrar plenamente a humanidade no universo, produzindo, no futuro, uma colaboração crescente entre cientistas e comunidades planetárias, entre cidadãos do mundo e cidadãos vivendo em comunidades extraterrestres.

A expansão da conquista do espaço funcionará como catalisador de uma evolução moral e política, provocando total renovação no modo de compreender a existência. Diz Moutsopoulos: "Esta problemática se organiza (...) em torno da idéia traduzida pela expressão 'apelo do espaço'"[199].

É nessa direção, refletindo a partir das possibilidades abertas para o futuro do homem[200], que nosso filósofo assinala a possibilidade de superação do terricídio, da guerra, através da paz e da expansão humana, fundada tanto nas perspectivas novas introduzidas pela ciência quanto nos valores tradicionais do bem, beleza e verdade. Daí o filósofo afirmar: "Trata-se de um

---

[197] Id., ibid., p. 433.
[198] Id., ibid., p. 435.
[199] Id., ibid., p. 437.
[200] Id., L'avenir anticipé, *in* L'avenir, Actes de XXI è. Congrès de l' ASPLF, Atenas, 1986, p. 9-12.

processo de anteriorização e de kairificação do futuro (...)", associado à atividade de consciência que, graças a um "presente provisional", se insere "num futuro que ela *assimila* previamente e que *integra* definitivamente"[201].

A interessantíssima análise de Moutsopoulos apóia-se solidamente na epistemologia atual e nas recentes contribuições da astrofísica, não sendo casuais tanto sua erudição nesses campos, como a presidência que exerce da International Association Cosmos and Philosophy, fundada na Grécia e que reúne colaboradores da Academia de Ciências da Rússia, da Academia de Ciências da Bulgária, e integra, entre seus participantes, filósofos e cientistas.

Em síntese, podemos dizer que *crise* e *kairós*, ameaça à oportunidade estão presentes na sociedade contemporânea, propondo ao homem atual o desafio de alcançar uma alteração qualitativa da existência, reorientando-a em busca de um ser-mais.

5. Conclusão

A associação da noção de *Kairós* às etapas da vida e ao exercício da liberdade mostra que o termo é compreendido, por Moutsopoulos, como *mudança qualitativa*, possibilidade de acesso a um novo patamar da existência, superior ao antecedente.

Vinculando-o às idéias de *morte* e *angústia*, nosso filósofo enfatiza a sua relação com a noção atual de *crise*, no duplo sentido de possibilidade de fracasso ou de abertura de novas alternativas, na vida humana.

---

[201] Id., ibid., p. 10-11. Ver também notas 50, 51, 54, 55.

Kairós é relacionado ainda à problemática do *amor* e dos *prazeres*, pondo em relevo a busca da expansão, de um ser-mais, de uma plenitude característica do existente que somos.

A ambigüidade essencial da liberdade e do existir, sempre oscilando entre a vida e a morte, o amor e a perda, é posta em primeiro plano por nosso autor, através desse conceito.

Palavra-chave da cultura grega, *Kairós* é termo retomado, reformulado, a partir da antiga tradição, e se apresenta como fio condutor da reflexão de Moutsopoulos.

O laço entre *Kairós, Poiésis* e *Eleuthéria,* ou seja, entre *instante decisivo, ação criadora* e liberdade, é assim evidenciado na obra do filósofo. Palavras da origem, que remontam ao pensar-poético do filosofar ocidental, são recuperadas na obra desse autor com sua força imponente, com seu esplendor de linguagem decifradora do ser.

4

Kairós, poiésis, eleutheria

Na filosofia contemporânea, duas tendências representam, de modo exponencial, a crítica à sociedade atual: a Escola Fenomenológica e a Escola de Frankfurt.

Na primeira, podemos destacar a reflexão heideggeriana, com ressonâncias em diferentes autores como, por exemplo, Hannah Arendt; na segunda, desde *O crepúsculo da Razão*, de Horkheimer, e *Eros e Civilização*, de Marcuse, ou os *Escritos Políticos*, de Habermas, encontramos um denominador comum: o desencanto e a consciência da ameaça representada pela perda do sentido do humano no mundo contemporâneo[202].

As razões desse obscurecimento da racionalidade e da dimensão criadora, essa perda do *logos*, em favor da barbárie,

---

[202] Para maior aprofundamento desse panorama veja-se: ASSOUN, Paul.*L'école de Frankfort*. Paris: PUF, 1987; CANTO-SPERBER, Monique. *Dictionnaire d'éthique et de Philosophie Morale*. Paris: PUF, 1996, verbetes *Habermas, Discussão*; VV.AA. *Encyclopédie Philosophique Universelle*. Paris: PUF, 1992, *Les Œuvres Philosophiques*, verbete *Habermas*; MAC INTYRE, Alasdair. *Marcuse*. Paris: Seghers, 1970; HORKHEIMER, Max. *Eclipse da Razão*. Rio de Janeiro: Labor, 1976; HEIDEGGER, Martin. *Introdução à Metafísica*. Rio de Janeiro:Tempo Brasileiro, 1969; id.; *Sobre o Humanismo*. Rio de Janeiro: Tempo Brasileiro, 1967, id., *Sein und Zeit*. Tübingen: Max Niemeyer, 1993; ARENDT, Hannah. *Homens em tempos sombrios*. São Paulo: Companhia das Letras, 1987.

são vistas de modo diverso, até mesmo oposto, pelas duas escolas.

Atendo-nos aos autores explicitamente citados por Moutsopoulos[203], ou seja: Heidegger e Marcuse, veremos, no que segue, as características de suas críticas à sociedade contemporânea, confrontando-as com a de Moutsopoulos.

O contraste entre Heidegger e Marcuse é apresentado por nós no que tange à crítica da sociedade atual.

É preciso recordar, primeiro, que a referência a Heidegger e a Marcuse se dá, na obra de Moutsopoulos, a propósito da meditação sobre as questões da morte e do *Eros*, como já vimos. Mas o conhecimento das obras desses autores, cujos textos explicitamente citados são importantes, é evidente, por parte de nosso filósofo.

Como Heidegger e Marcuse convergem na crítica à sociedade tecnológica, vista por eles como desumanizante – por razões, contudo, bastante diversas – e dado que apresentam (especialmente Heidegger) uma visão sombria e pessimista do presente, tentaremos mostrar como, na filosofia do pensador grego, abrem-se novas possibilidades interpretativas, novas alternativas para compreensão e superação da crise presente.

Consideremos, de início, a perspectiva heideggeriana.

A crise atual é vista como ameaça à vida do espírito, como "obscurecimento do mundo, a fuga dos deuses, a destruição da terra, massificação do homem, a suspeita odiosa contra tudo o que é criador e livre (...)"[204]. É ainda "DES-

---

[203] MOUTSOPOULOS, E. *Kairós. La mise et l'enjeu*. Paris: Vrin, 1991, p. 141 e 145.
[204] HEIDEGGER, Martin. *Introdução à Metafísica*. Rio de Janeiro: Tempo Brasileiro, 1969, p. 65.

POTENCIAÇÃO DO ESPÍRITO, sua dissolução, desvirtuamento e deturpação"[205].

Nesse mundo, a existência humana perde a profundidade em favor da "extensão e do número. Capacidade já não significa a potência e prodigalidade (...), mas (...) exercício de uma rotina (...), padronização e desmedida (...) avalanche (...) do demoníaco (no sentido de uma maldade destruidora)"[206].

O espírito é identificado com a inteligência, a habilidade calculadora, guiada pela produção e pelo uso. A ciência é pulverizada em diferentes áreas e a universidade se caracteriza pela aglutinação de conhecimentos técnicos, voltados para fins práticos[207].

A crítica da sociedade tecnológica, exposta em Heidegger, implica a constatação de que, em nosso mundo, ocorre a redução da atividade criadora à habilidade mecânica, pelo homem identificado com as coisas e esquecido de sua origem, de seu vínculo com uma profundidade abissal, a do Ser. A filosofia, essencialmente *poiésis*, torna-se, assim, *technê*[208]. Dá-se também uma ruptura entre o homem e seu *ethos*, entendido por Heidegger como habitação na proximidade de Deus[209].

A superação desse estado de coisas supõe, na obra do filósofo da Floresta Negra, a proposição de uma meta-filosofia, inspirada no pensar poético de Parmênides e Heráclito.

---

[205] Id., ibid., p. 71.
[206] Id., ibid., p. 71-72. Ver também: Id., *Essais et Conférences*. Paris: Gallimard, 1958, p. 9-79; Id., *Carta sobre o Humanismo*. Rio de Janeiro:Tempo Brasileiro, 1967, pp. 53ss. Ver nosso: *Martin Heidegger: a questão da técnica*. Campinas: PUC, *Reflexão* V (18): 69-70, Set-Dez, 1980.
[207] Id., *Introdução à Metafísica*, p. 73-75. Ver também: Id., *Sobre o Humanismo*, p. 26 e ss.
[208] Id., *Sobre o Humanismo*, p. 26 e ss.
[209] Id., ibid., p. 84 e ss.

Em *Introdução à Metafísica,* em *Que é Metafísica?,* o pensador alemão define o homem "como lugar da verdade do ser (...)"[210]. É nesse horizonte, o da rememoração de sua origem e da desvinculação da identificação com o mundo dos entes, com as coisas, que o homem pode dar o salto qualitativo que o conduz dos entes ao Ser. A experiência essencial da angústia, reveladora da finitude do ser humano, é confronto com a morte e abertura para a possibilidade de se transcender a realidade avassaladora da técnica e da razão instrumental[211].

Na formulação desse novo pensar, que liberta o homem da escravidão às coisas e aos artefatos[212], Heidegger recupera o sentido originário da técnica, mostrando o laço essencial entre *arte* e *técnica,* no grego antigo[213].

Recuperar o sentido essencial da técnica pode conduzir-nos à superação da decadência em que nos encontramos, na perspectiva desse filósofo.

Meditação sobre a crise contemporânea, proposta de um novo tipo de pensar, reflexão sobre a liberdade e a existência autenticamente humana, sobre as relações entre *Poiésis* e *Techné*: esses temas, caros a Heidegger, são retomados, em novo enfoque, por Moutsopoulos, como tentaremos explicitar.

---

[210] Id., *Que é Metafísica?.* São Paulo: Duas Cidades, 1969, p. 70. Ver também: Id., *Introdução à Metafísica,* p.167e ss.
[211] Id., *Que é Metafísica?.,* p. 36ss.; Id., *Ser e Tempo.* Petrópolis: Vozes, Vol. II, 2005, p. 17ss.; Id., *Sein und Zeit.* Tübingen: Max Niemeyer, 1993, p. 237ss.
[212] Id., *Que é Metafísica?,* p. 56ss.
[213] Id., *Essais et Conférences.* Paris: Gallimard, 1958, p. 47ss.; Id., *Introdução à Metafísica,* p. 181ss. Ver também: BAILY, A. *Dictionnaire Grec-Français.* Paris: Hachette, 1963, verbetes *Poiésis* e *Techné. Poiésis* é o fazer, a fabricação, a composição, a poesia; *Techné* é a arte naval, prática, habilidade manual, mas também habilidade nas obras do espírito, conhecimento teórico, produção de obra de arte, dentre outros significados.

Os dois textos do pensador alemão, citados por Moutsopoulos e que nos interessam aqui são *Ser e Tempo* e *Que é Metafísica?*. Trata-se, em Moutsopoulos, de examinar a reflexão heideggeriana sobre a morte, entendida como "modo de ser"[214] do homem, angústia e liberdade.

Veremos, adiante, pontos de analogia e as diferenças entre a abordagem heideggeriana das noções de *crise, poiésis, liberdade, morte* e a de Moutsopoulos.

Vejamos agora a reflexão de Marcuse.

No que tange à abordagem da crise e da noção de *Eros*, examinaremos a crítica desse autor à civilização tecnológica e a sua perspectiva a respeito das possibilidades de superação dos impasses atuais.

Na ótica de Marcuse, cujo livro *Eros e Civilização* é explicitamente citado por Moutsopoulos na sua análise das relações entre *Eros* e *Thanatos*[215], *Eros* se opõe a *Thanatos*.

É no *Homem Unidimensional*[216] que a crítica de Marcuse à sociedade contemporânea se expõe; é em *Eros e Civilização*[217] que a possibilidade de sua superação se propõe.

Para Marcuse, o progresso técnico, sob a aparência de provocar a redução das lutas internas da sociedade, de fato produz um sistema de dominação que sufoca as possibilidades de ser contestado. A tecnologia, "nas sociedades industriais avançadas

---

[214] No texto *Eros e Thanatos*, inserido em seu livro *Kairós...*, Moutsopoulos refere-se explicitamente na nota 8 da p. 145, ao livro *Sein und Zeit*, p. 248. Na edição alemã, isso corresponde ao parágrafo 49 do primeiro capítulo da segunda sessão do livro, que aborda a análise existencial da morte.
[215] MOUTSOPOULOS, E. *Kairós...*, p. 141ss. Para nosso autor, é preciso que se reconheça o laço essencial entre *Eros* e *Thanatos*, para que *Thanatos* não predomine.
[216] Londres: P. Books, 1968.
[217] MARCUSE, H. *Eros and Civilization*. New York: Beacon Press,1955.

(...) [elimina os conflitos] assimilando todos os que (...) se opunham à sua instauração"[218].

Criando a abundância, a sociedade tecnológica anulou as razões imediatas de protesto e questionamento de sua organização. Satisfeitas as necessidades básicas, os homens não mais contestam a ordem vigente.

No entanto, a tecnologia cria novas formas de escravidão, fazendo surgir falsas necessidades. Para satisfazê-las, os homens são levados a um trabalho quase escravo, que permite acesso aos bens supérfluos, à custa de sua liberdade.

O totalitarismo atual não se expressa apenas em termos políticos; sobretudo, sufoca a consciência crítica. A arte e a linguagem, empobrecidas, aí perdem seu papel; e a sociedade tecnológica, ordenada como um poder, produz, como seu resíduo, pobreza, miséria e repressão. "A ideologia da organização, da eficácia (...) se torna dominante na história"[219], criando um vazio e um automatismo, de modo que a responsabilidade pessoal se dilui e ninguém se reconhece propriamente responsável pela desordem, desilusão e insatisfação vigentes.

Diz Mac Intyre: para Marcuse, "as formas de consumo numa sociedade rica têm (...) um duplo efeito. Satisfazem as necessidades materiais que, de outro modo, conduziriam ao protesto; e provocam a identificação com a ordem estabelecida"[220].

Até mesmo o lazer, numa sociedade assim constituída, não expressa a liberdade, dado que administrado pelos negócios e pela política, desencadeando a repressão.

---

[218] MAC INTYRE, A. *Marcuse*. Paris: Seghers, 1970, p. 102.
[219] Id., ibid., p. 114.
[220] Id., ibid., p. 104.

Sob as máscaras do lazer, do bem-estar, da liberdade sexual, expressa-se uma poderosa dominação, que impede o homem contemporâneo de ter consciência da sua situação e da exploração de seu trabalho.

A obra de Marcuse busca estabelecer "pontes entre Heidegger, Husserl, Hegel e Marx", assinala Paul Assoun[221]. Cabe a Heidegger "fornecer as questões de fundo, a Marx a missão de respondê-las, a Hegel tornar possível a passagem"[222].

A abordagem de Marcuse mostra o descompasso entre o marxismo científico e sua versão ideológica ou seu uso político. Isso o conduz a uma crítica do *homo laborans,* associada à crítica do racionalismo técnico característico do nazi-fascismo e do totalitarismo soviético.

A crítica social é levada às últimas conseqüências através do diálogo estabelecido por Marcuse entre a teoria crítica, característica da Escola de Frankfurt, e a psicanálise de vertente freudiana. Em *Eros e Civilização,* de 1955, o filósofo mostra que a obra de Freud pode ser um componente importante para a crítica do mundo contemporâneo; põe em relevo, também, a luta entre *Eros* e *Thanatos,* como retrato do drama sócio-histórico.

Esse drama tem uma solução utópica, na ótica marcusiana, reconciliadora do pólo do inconsciente com o pólo histórico, através da proposição de uma sociedade futura, aberta e livre, que emergiria da contestação da sociedade atual pelas minorias marginalizadas, vivendo na sociedade de consumo.

---

[221] ASSOUN, P. *L'école de Frankfort.* Paris: PUF, 1990, p. 81.
[222] Id., ibid., p. 80.

De modos diversos, Heidegger e Marcuse apontam a crise da sociedade atual e assinalam a importância da meditação sobre a morte como fonte da existência autêntica.

É esse viés da consideração do laço entre *Eros* e *Thanatos*, o da valorização da arte como *poiésis*, atividade criadora, e da afirmação da liberdade, que reaparece em Moutsopoulos.

Examinaremos, no que segue, sua contribuição original, no contexto da crise social contemporânea, e as propostas que faz para sua superação.

Conforme mostramos anteriormente, para o filósofo grego, *crise* e *oportunidade* coincidem. Não se trata de um otimismo ingênuo, pois nosso autor está claramente consciente do risco do terricídio conforme já apontamos, e do risco da destruição do homem, que a situação atual implica.

Mas em vez de enfatizar o aspecto tremendo e ameaçador da crise atual, como fazem Heidegger e Marcuse, Moutsopoulos trata de apontar alternativas abertas pelo *saber* – como, por exemplo, o que possibilita ao homem a conquista do espaço, levando-o a aventurar-se para além da terra – e pela *arte* – ação criadora, expressão de liberdade e do poder do homem – que, mergulhando-o na tradição e reformulando-a face aos novos desafios, delineiam a face da *cultura*.

Na cultura, a dialética entre tradição e ruptura encontra seu campo de exposição. Ela é, para o filósofo, "um fator de ligação entre tradição e progresso"[223], entendidos como os dois pólos entre os quais se mostra, na vida histórica, a trajetória da humanidade em busca de um ser-mais[224].

---

[223] MOUTSOPOULOS, E. *Poiésis et Techné*. Montreal: Montmorency, vol II, 1994, p. 211-218.
[224] Id., ibid., p. 211.

Por *tradição*, Moutsopoulos entende a tradução, no presente, das lembranças do passado humano, expondo valores já consolidados; por *progresso*, entende a antecipação que insere o presente no futuro, através da proposição de novos valores coletivos. A *cultura* emergira da dialética entre esses dois pólos, expressando-se na temporalidade como o *Kairós* dessa temporalidade, como a liberdade criadora inserida no acontecer.

Distinguindo *civilização* de *cultura*, nosso autor mostra que a dialética entre tradição e ruptura se apresenta exponencialmente através dos campos da religião, da arte, da ciência e da filosofia, mas também nos da técnica e das instituições.

O conjunto das *aplicações práticas* da vida criadora é a *civilização*; o conjunto das atividades criadoras, consideradas em si mesmas, é a *cultura*[225].

No campo da *arte*, a dialética entre tradição e inovação consiste na irrupção, a partir das formas já consagradas, de experiências inéditas, que instauram uma nova tradição. Essa dialética se expressa, ao longo da história da arte, através da sucessão de estilos.

Daí o filósofo afirmar:

"A característica própria da cultura é precisamente a de ser constituída por elementos em estreita relação com o universo humano, quer dizer, por elementos de *valor*, prestando-se assim, a considerações axiológicas, antes de mais nada"[226].

No âmbito da *ciência*, a cultura se expressa através de modelos interpretativos, que se referem aos objetos apreendidos pela consciência.

---

[225] Id., ibid., p. 212-213.
[226] Id., ibid., p. 214.

Reportando-se a Bachelard, nosso pensador recorda o caráter inovador da *descoberta,* no âmbito da teoria científica, e o da *criação,* no campo da arte. A inventividade é, assim, o denominador comum desses dois campos. Moutsopoulos apresenta uma sucessão de abordagens histórico-críticas da ciência, mostrando, através desse exame, da Antigüidade a nossos dias, o *progresso* como o valor-chave da vida científica.

O paralelismo entre ciência e arte é reiterado, e não por acaso Moutsopoulos se refere a Bachelard. Para este último, como para Moutsopoulos, ciência e arte representam o privilégio da ruptura, da inovação, do *futuro,* sobre a tradição, sem excluir, contudo, o apoio nesta para impulsionar o avanço, em ambos os campos[227].

No âmbito da filosofia, a especificidade cultural "está ligada à contemplação das idéias com auxílio das quais o espírito humano se esforça para exprimir suas diversas concepções do mundo, de sua existência e das condições de sua integração no universo. Tradição e progresso se encontram nos diversos filosofemas (...)"[228] que realizam a síntese da *inspiração* – valor dominante da arte – e do *rigor* – característica da ciência.

Mostrando que a filosofia evolui através de *crises* sucessivas, Moutsopoulos recorre ao modelo musical da *fuga,* em que progresso e regressão se alternam, para pensar a dialética entre passado e futuro, através do qual o saber filosófico se consolida e renova.

Assim, arte, ciência e filosofia seriam as faces de expressão do *Kairós* na vida da cultura, que:

---

[227] Id., ibid., p. 215-216.
[228] Id., ibid., p. 216.

Integra passado e futuro, tradição e progresso (...) ao longo de instantes privilegiados, excepcionais e únicos (...) [ao] modo polifônico (...) nos quais passado e futuro, tradição e progresso, se prolongam até se reencontrar, se interpenetrar, para se fundir no presente (...)[229].

A cultura, a civilização e a história são os lugares onde se mostra a "liberdade do homem de se definir sem cessar como valor em si"[230].

A liberdade é enfocada na perspectiva da oposição e complementariedade entre imanência e transcendência.

A idéia de transcendência se refere a uma dimensão situada além da consciência habitual: a do sobrenatural, no plano ontológico; a do surracional, no plano epistemológico. Seu acesso é indireto, através da consciência, por oposição e comparação com a noção de imanência. Na verdade, sua natureza é inacessível como tal e é considerando as *limitações*, quer da *prova ontológica*, de santo Anselmo, quer da *prova moral* kantiana, da existência da transcendência, que Moutsopoulos é levado a buscar, no *plano axiológico,* o ponto de encontro entre a consciência e a transcendência. Diz o filósofo: o "elemento comum tanto à transcendência quando à entidade humana só pode ser a liberdade"[231].

Tratando de superar o paradoxo de uma transcendência imanente, nosso autor mostra que transcendência e imanência são pólos em relação dialética, que se resolve através da idéia "da

---

[229] Id., ibid., p. 218.
[230] Id., ibid.
[231] Id., ibid., vol. II, p. 164.

presença indivisa de uma na outra (...). A transcendência irradia (...) em direção à consciência que, da sua parte, experimenta a *fruição* daquela"[232].

A transcendência se irradia em direção à imanência da consciência; a consciência, por sua vez, na sua intencionalidade, tende à transcendência. A mediação entre uma e outra é possibilitada pela liberdade.

Definindo "a liberdade como lugar imanente da transcendência"[233], nosso filósofo trata de esclarecer sua natureza. Ela é criatividade, enquanto se volta para a transcendência; é consciência do existir, enquanto imanência"[234].

Vivida como liberdade, a existência torna-se consciente de si e expõe-se no agir. Caracterizando-se como fulcro da existência humana, torna-se valor em si. Graças à liberdade, o homem reestrutura a realidade, para melhor viver nela.

A existência só é humana, verdadeiramente, só é "um bem enquanto liberdade vivenciada, superação da morte"[235].

Bem inalienável da pessoa, vivência contínua, a liberdade implica um imperativo: o da realização.

Diz o filósofo: "é por intermédio da liberdade que a transcendência se infiltra na consciência e é igualmente nesta liberdade que a consciência descobre um caráter transcendente"[236].

O papel da liberdade é o de abrir a existência ao Absoluto; ela é um campo de vivências, onde ressoa o colorido da transcendência, espelhando-a, no plano imanente.

---

[232] Id., ibid., p. 165.
[233] Id., ibid., p. 166.
[234] Id., ibid.
[235] Id., ibid., p. 169.
[236] Id., ibid., p. 171.

O modelo paradigmático de todas as liberdades de expressão é a liberdade de expressão artística. Assim, nenhuma regulamentação, nenhuma autoridade política ou social deve poder constranger a liberdade do artista. O único limite, reconhecido por Moutsopoulos, para a liberdade do artista ocorre quando os temas escolhidos pelo artista forem danosos ou ameaçadores para outros seres humanos.

Estamos, como se pode ver, bem distantes da visão sombria da crise contemporânea, presente em Heidegger e em Marcuse.

Mostrando a vida da cultura como marcada pelas rupturas necessárias à emergência do novo, evidenciando o diálogo entre passado e futuro, através da invenção e da descoberta, nosso autor coloca-se numa perspectiva decisivamente otimista, na qual a ruptura não é mera destruição ou ameaça, mas síntese superadora, em direção à plena expressão do humano.

O filósofo repensa a questão da técnica contemporânea à luz da quase sinonímia entre *Poiésis* e *Techné,* no grego antigo. Sua recuperação do significado dessas palavras-chave recorda a busca heideggeriana da essencialização da técnica. Porém, o que é visto por Heidegger como tarefa urgente, que pode impedir o homem contemporâneo de submergir no vazio da existência inautêntica, em Moutsopoulos tem um caráter que lembra o da arte da fuga, em música: contemplação de temas que emergem, desaparecem e ressurgem, de repente, nas metamorfoses da *Krisis* em *Kairós.*

A aposta de Moutsopoulos é no poder criador do homem, na prioridade da *Poiésis,* na inventividade que possibilita a abertura ao novo, perante os desafios. Essa abertura não é obrigatória, a resposta pode não estar à altura dos tempos. Mas é afirmando a liberdade e o *ethos* da arte, que nosso autor busca os valores fundamentais da cultura ocidental, para, reformulando-os perante as novas situações, abrir uma via em direção à transcendência.

A *Poiésis* nasce da *práxis*; diversamente desta, contudo, é gratuita e tem por finalidade reconstruir o universo através de um modelo interpretativo. Trata-se de abrir a consciência a uma infinidade de mundos possíveis, axiológicamente considerados. Tem como correlato uma *techné*, entendida como "sistema de procedimentos particulares, empiricamente estabelecido, e que visa preparar terreno a uma criação (...)"[237].

Para evidenciar essa correlação entre *poiésis* e *techné*, nosso autor fala de uma *razão estética* que reconhece na *techné* a face da sua inventividade estruturante, o conjunto de regras que favorecem o processo criador.

Para exemplificar essa característica da *techné*, refere-se ao "conhecimento do desenho (...) pelo pintor; [ao] do contraponto, pelo compositor"[238].

E por isso, para nosso autor, *poiésis* e *techné* são inseparáveis, na totalidade da existência que tratam de expressar.

A mais pura expressão da *poiésis* é a arte. E. Moutsopoulos fala do *ethos* artístico, aspecto específico da atividade criadora.

No mundo contemporâneo, o *ethos* artístico expõe o reconhecimento do valor da pessoa humana, descrevendo as relações do homem com seu destino, com sua existência individual e como membro de uma sociedade. Trata-se de levar o ser humano a tomar consciência de sua própria condição e a buscar a excelência de um ser-mais, através da exposição, nas obras de arte, de um amplo leque das possibilidades do existir.

---

[237] Id., ibid., vol. III, p. 278.
[238] Id., ibid., vol. III, p. 279.

Conclusão

A obra de Evanghélos Moutsopoulos estrutura-se como uma reflexão sobre o significado da cultura grega, entendida como modelo paradigmático da vida criadora, que possibilita a apreensão do instante propício e a contínua superação das crises inerentes à existência humana.

Afirmativa do valor do homem e de seu destino de universalidade e liberdade, a cultura grega é vista como paradigmática, por nosso autor, na medida em que não se circunscreve apenas em expressar um momento histórico de plenitude da civilização, como na Grécia antiga, mas se faz presente, na contínua retomada, ao longo do pensamento ocidental, de seus valores essenciais.

Para essa análise, Moutsopoulos recorre a três noções axiais, enfocadas nos seus aspectos epistemológicos, ontológicos e históricos. Essas noções são, como vimos ao longo de nosso estudo, a idéia matriz de *kairós,* tempo oportuno, momento favorável; a noção de *poiésis,* expressa na filosofia da arte e na crítica axiológica da cultura, entendida como via de superação da crise contemporânea; a idéia de *liberdade,* valor primeiro para a realização do homem.

Essas noções constituem tanto o núcleo temático em torno do qual se ordena a meditação de nosso filósofo, quanto os eixos em torno dos quais, a seu ver, a cultura grega se expressou, ao longo da história do pensamento ocidental.

Assim, o método histórico-crítico, a partir do qual o filósofo mostra a permanência dos temas da cultura grega em toda a história da Filosofia do Ocidente, mostra a filosofia e a cultura da Grécia clássica não apenas como o horizonte de compreensão do mundo por parte de um autor grego contemporâneo fiel às suas raízes, mas como o *modelo paradigmático da universalidade do homem*, enquanto propositoras das noções que permitem *alcançá-la*.

O método histórico-crítico desenvolvido por nosso autor tem como ponto de partida sempre a situação contemporânea da temática abordada, levando-o a *buscar*, na filosofia atual, as fontes imediatas com as quais dialoga – e destacaremos aqui o diálogo com o estruturalismo, a fenomenologia, a obra de Bergson –, para abordar os temas do kairós, da liberdade e da poiésis nos seus múltiplos desdobramentos; e levando-o a *considerar*, na tradição, os momentos em que aqueles aparecem, mostrando como foram apropriados. Traz à luz, também, a contínua referência e retomada da tradição clássica e dos autores clássicos gregos como fio condutor dessas meditações.

Exibindo uma enorme erudição, que o faz transitar num leque amplíssimo de leituras da história da Filosofia, o pensador enfatiza, contudo, as fontes platônico-aristotélicas, o estoicismo e o neoplatonismo nas suas diferentes variações ao longo do tempo, como balizas de sua crítica e diálogo com os autores contemporâneos.

A originalidade surpreendente da obra de Moutsopoulos o inscreve, seguramente, entre os mais importantes filósofos atuais. Na sua meditação reaparece, com toda a intensidade, a contribuição da cultura grega para o mundo. Nos seus escritos, a Grécia vive e fala, uma vez mais, para o homem contemporâneo, da grandeza da vida criadora, das possibilidades permanentemente abertas e do poder de superação dos limites dados, como marca de nossa humanidade e sua máxima expressão.

Poiésis e liberdade são o destino do homem que transmuta crises em kairós.

É no *Filosofia da Cultura grega* que Moutsopoulos trata da cultura grega como "uma cultura de vocação universal (...), uma cultura de repercussão igualmente universal (...), [de] ecumenismo cultural (...)"[239], de modo que, aberta ao outro, reafirma sua qualidade essencial.

É preciso pôr em relevo que, para nosso autor, "mais que uma realidade histórica, a Grécia clássica permanece uma idéia dinâmica"[240], inspiradora da afirmação do valor do homem, no coração da Europa e do mundo atual.

Na cultura mediterrânea, na cultura européia, Moutsopoulos vê a permanência do "fermento grego"[241]. Isso significa que, para nosso autor, a Europa atual estruturou-se "sobre a base de uma cultura e civilização comuns (...)"[242], nascida do encontro de diferentes povos no Mediterrâneo e da difusão da cultura grega nessa região: "Graças ao Mediterrâneo, o mundo grego conheceu uma expansão e uma extensão sem igual, e se implantou em regiões onde exerceu uma atividade cultural intensa"[243].

Abordando historicamente a presença grega a partir da idade antiga até hoje, o filósofo mostra como o gênio e a língua gregos estiveram presentes na "criação mais alta do pensamento humano: a filosofia (...), *aspiração à sabedoria* (...)"[244], assim como na poesia, na escultura, na pintura, na música, na ciência, na religião.

---

[239] Evanghélos MOUTSOPOULOS. *La Philosophie de la Culture Grecque*. Atenas: Academia de Atenas, 1998, p. 351ss.
[240] Id., ibid.
[241] Id., ibid., p. 384ss.
[242] Id., ibid., p. 385.
[243] Id., ibid., p. 386.
[244] Id., ibid., p. 389.

Daí Moutsopoulos afirmar que "(...) a cultura européia, na sua inspiração e na sua realização, é uma cultura essencialmente grega"[245].

Assinala, exemplificando a tese, que diferentes autores, como Baumgarten, Wincklelmann, Schiller, Lessing, Beethoven, se inspiraram "no espírito grego", assim como Byron e Victor Hugo, Delacroix e Goethe, que se voltaram para a Grécia "com paixão"[246]. Põe em relevo que, no século XIX, disciplinas científicas, como a Medicina, empregaram amplamente o grego, na formulação de seus conceitos e seu vocabulário essencial.

O retorno às fontes gregas é apontado na literatura e na filosofia contemporâneas, em autores como Anouith, Cocteau e, o último, Heidegger, dentre outros.

Aproximando as indagações que se propôs como historiador da filosofia e como filósofo da cultura, Moutsopoulos construiu um modelo interpretativo que trata de considerar as entidades culturais à luz "das relações, das influências e das interdependências, manifestas ou ocultas, que as qualificam", bem como de considerar suas interações[247].

Dessa forma, examina a vida da cultura na sua evolução, que apresenta "períodos de aceleração histórica, seguida por períodos de diminuição da marcha da história; mas tudo se passa como num quadro polifônico, 'fúgico', de tendências e realizações, de vozes diversas seguindo direções diversas, se aproximando, depois se afastando, e, ao se aproximarem de algumas entre elas, enquanto outras seguem cada uma seu caminho, de-

---

[245] Id., ibid., p. 397.
[246] id., ibid., p. 397-398.
[247] Id., ibid., p. 398.

saparecem, continuando seu curso sob a forma de rios subterrâneos, antes de jorrar novamente como fontes"[248].

Dois textos de modo especial: *"Europa cultural"* e *"O espírito mediterrâneo: ontem, hoje, amanhã"*, republicados em um livro de 2005: *O universo dos valores, universo do homem*[249], mostram a gênese dessa temática, afirmando a fonte grega como elemento comum da formação cultural da Europa e da formação de um "espírito mediterrâneo".

Nosso pensador afirma que "(...) o Ocidente europeu é (...) o produto cultural da civilização mediterrânea, fermentada pelo espírito grego"[250].

Com variações, o tema reaparece em texto recente, *Pensamento, cultura, ação*,[251] no capítulo intitulado " Europa, filha do Mediterrâneo".

Uma das contribuições mais interessantes de Moutsopoulos é, não apenas a de mostrar as raízes comuns da formação do Ocidente, mas a de apontar a contribuição que a retomada dessas fontes pode representar para a civilização planetária que é preciso construir. Trata-se de evidenciar "a universalidade do pensamento mediterrâneo e sua importância para o futuro próximo (...)"[252] da humanidade, bem como de caracterizar a crise contemporânea e indicar alternativas para sua superação.

As obras mais recentes de nosso filósofo, *Pensamento, cultura e ação* e *Kairicidade e liberdade*[253], apontam tanto as ca-

---

[248] id., ibid.
[249] id., *L'univers des valeurs, univers de l'homme*. Atenas: Academia de Atenas, p. 291-310.
[250] Id.L'esprit méditerranéen: hier, aujourd'hui, demain *in* op. Cit., p. 293.
[251] id., *Thought, culture, action. Sudies in the theory of values and its greek sources*. Atenas: Academia de Atenas, 2006, p. 110ss.
[252] Id. The universality of the mediterranean thougth and its importance for the near future *in* op. cit., p. 124-131.
[253] Id. *Kairicité et liberté*. Atenas: Academia de Atenas, 2007.

racterísticas e desafios da civilização ocidental, como abrem a reflexão sobre a crise contemporânea e as possibilidades de sua superação, através do diálogo intercultural e da afirmação do valor do homem e de sua atividade criadora.

Uma ética da alteridade, fundada no diálogo entre as culturas[254], já esboçada em textos anteriores, alcança sua plena expressão nos dois últimos livros supra-citados.

Deixamos como questões em aberto, dentre outras a serem examinadas em futuros trabalhos: a discussão dos parâmetros da ética da alteridade em Moutsopoulos; a consideração da crise contemporânea e a afirmação da liberdade como uma de suas vias de superação; a discussão dos laços entre intencionalidade e liberdade. E o exame da riquíssima filosofia da música de nosso filósofo.

O presente estudo é apenas uma primeira aproximação da instigante e complexa obra de um autor grego, na qual jorra, uma vez mais, o fascínio, a fecundidade criadora, o frescor admirativo de uma grande tradição, viva e presente na Grécia contemporânea.

* * *

A obra de Evanghélos Moutsopoulos estrutura-se como uma reflexão sobre o significado da cultura grega, entendida como modelo paradigmático da vida criadora, que possibilita a apreensão do instante propício e a contínua superação das crises inerentes à existência humana.

---

[254] Id. "Towards a dialogue between cultures" *in Thougth, culture ,action*, p. 109ss.

Afirmativa do valor do homem e de seu destino de universalidade e liberdade, a cultura grega é vista como paradigmática, por nosso autor, na medida em que não se circunscreve apenas a expressar um momento histórico de plenitude da civilização, como na Grécia antiga, mas se faz presente, na contínua retomada, ao longo do pensamento ocidental, de seus valores essenciais.

Para essa análise, Moutsopoulos recorre a três noções axiais, enfocadas nos seus aspectos epistemológicos, ontológicos e históricos. Essas noções são, como vimos ao longo de nosso estudo, a idéia matriz de *kairós*, tempo oportuno, momento favorável; a noção de *poiésis*, expressa na filosofia da arte e na crítica axiológica da cultura, entendida como via de superação da crise contemporânea; a idéia de *liberdade*, valor primeiro para a realização do homem.

Essas noções constituem tanto o núcleo temático em torno do qual se ordena a meditação de nosso filósofo, quanto os eixos em torno dos quais, a seu ver, a cultura grega se expressou, ao longo da história do pensamento do Ocidente.

Assim, o método histórico-crítico, a partir do qual o filósofo mostra a permanência dos temas da cultura grega em toda a história da Filosofia ocidental, fazem da filosofia e da cultura da Grécia clássica não apenas o horizonte de compreensão do mundo por parte de um autor grego contemporâneo fiel às suas raízes, mas o *modelo paradigmático da universalidade do homem*, enquanto propositora das noções que permitem compreender as possibilidades do universal.

O método histórico-crítico desenvolvido por nosso autor tem como ponto de partida sempre a situação contemporânea da temática abordada, levando-o a *buscar*, na filosofia atual, as fontes imediatas com as quais dialoga – e destacaremos aqui o diálogo com o estruturalismo, a fenomenologia, a obra de Bérgson – para estudar a liberdade, a vida criadora, o instante propício, nos seus múltiplos desdobramentos e facetas; e levando-o a *considerar*, na tradição, os momentos em que tais temas aparecem, mostrando como foram apropriados. Traz à luz, também, a contínua referência e retomada da tradição clássica e dos autores clássicos gregos como fio condutor dessas meditações.

Exibindo uma enorme erudição, que o faz transitar num leque amplíssimo de leituras da história da Filosofia, o pensador enfatiza, contudo, as fontes platônico-aristotélicas, o estoicismo e o neo-platonismo nas suas diferentes variações ao longo do tempo, como balizas de sua crítica e diálogo com os autores contemporâneos.

A originalidade surpreendente da obra de Moutsopoulos[255] o inscreve, seguramente, entre os mais importantes filósofos atuais. Na sua meditação reaparece, com toda a intensidade, a importância da contribuição da cultura grega para o mundo. Nos seus escritos, a Grécia vive e fala, uma vez mais, para o homem contemporâneo, da grandeza da vida criadora, das possibilidades permanentemente abertas e do poder de superação dos limites dados, como marca de nossa humanidade e sua máxima expressão. Poiésis e liberdade são o destino do homem que transmuta crises em kairós.

É no *Filosofia da Cultura grega* que Moutsopoulos trata da cultura grega como "uma cultura de vocação universal (...),

---

[255] MOUTSOPOULOS, E. *Philosophie de la culture grecque*, Atenas, Academia de Atenas, 1998, p. 381ss.

uma cultura de repercussão igualmente universal (...) [de] ecumenismo cultural (...)", de modo que, aberta ao outro, reafirma sua qualidade essencial.

É preciso pôr em relevo que, para nosso autor, "mais que uma realidade histórica, a Grécia clássica permanece uma idéia dinâmica"[256], inspiradora da afirmação do valor do homem, no coração da Europa e do mundo atual. Na cultura mediterrânea, na cultura européia, Moutsopoulos vê a permanência do "fermento grego"[257]. Isso significa que, para nosso autor, a Europa atual estruturou-se "sobre a base de uma cultura e civilização comuns (...)"[258], nascida do encontro de diferentes povos no Mediterrâneo e da difusão da cultura grega nessa região:" Graças ao Mediterrâneo, o mundo grego conheceu uma expansão e uma extensão sem igual, e se implantou em regiões onde exerceu uma atividade cultural intensa"[259].

Abordando historicamente a presença grega a partir da idade antiga até hoje, o filósofo mostra como o gênio e a língua gregos estiveram presentes na "criação mais alta do pensamento humano: a filosofia (...), *aspiração à sabedoria* (...)"[260], assim como na poesia, na escultura, na pintura, na música, na ciência, na religião.

Daí Moutsopoulos afirmar que "(...) a cultura européia, na sua inspiração e na sua realização, é uma cultura essencialmente grega"[261]. Assinala, como exemplos, que diferentes autores,

---

[256] Id., ibid.
[257] Id., ibid., p. 384ss.
[258] Id., ibid., p. 385.
[259] Id., ibid., p. 386.
[260] Id., ibid., p. 389.
[261] Id., ibid., p. 397.

como Baumgarten, Winckelmann, Schiller, Lessing, Beethoven se inspiraram "no espírito grego", assim como Byron e Victor Hugo, Delacroix e Goethe, que se voltaram para a Grécia com entusiasmo. Recorda ainda que disciplinas científicas, como a Medicina, empregaram largamente o grego na formulação de seus conceitos-chave.

O retorno a temáticas gregas ocorre também na literatura e filosofia contemporâneas, como é possível constatar em Anouith, Cocteau e, no último, Heidegger, entre outros.

Aproximando as indagações que se propôs como historiador e filósofo da cultura, Moutsopoulos construiu um modelo interpretativo que trata de considerar as entidades culturais à luz "das relações, das influências e das interdependências, manifestas ou ocultas, que as qualificam", assim como suas interações[262].

Dessa forma, trata de estudar a vida da cultura na sua evolução, que apresenta "períodos de aceleração histórica, seguida por períodos de diminuição da marcha da história; mas tudo se passa como se, num quadro polifônico, 'fúgico', de tendências e realizações, de vozes diversas seguindo direções diversas, se aproximando, depois se afastando e como que se aproximando de algumas delas, enquanto outras seguem cada uma seu caminho, desaparecem, continuando seu curso sob a forma de rios subterrâneos, antes de jorrar novamente como fontes"[263].

Dois outros, de 1960 e 1986, respectivamente: *"Em direção à unidade da Europa cultural"* e *"O espírito mediterrâneo: ontem, hoje, amanhã"*, republicados em um livro de 2005,

---

[262] Id., ibid., p. 398.
[263] Id. ibid.

L'univers des valeurs, univers de l'homme[264], mostram a gênese dessa temática, afirmando a fonte grega como elemento comum da formação cultural da Europa e da formação de um "espírito mediterrâneo".

Nosso pensador afirma que "(...) o Ocidente europeu é (...) o produto cultural da civilização mediterrânea, fermentada pelo espírito grego"[265].

Com variações, o tema reaparece em texto recente, *Pensamento, cultura, ação*[266], no capítulo intitulado "*Europa, filha do Mediterrâneo*".

Uma das contribuições mais interessantes de Moutsopoulos é, não apenas a de mostrar as raízes comuns da formação do Ocidente, mas a de apontar a contribuição que a retomada dessas fontes pode representar para a civilização planetária que é preciso construir. Trata-se de "a universalidade do pensamento mediterrâneo e sua importância para o futuro próximo"[267] da humanidade, bem como de caracterizar a crise contemporânea e as alternativas de sua superação.

---

[264] Id., L'univers des valeurs, univers de l'homme, Atenas, Academia de Atenas, p. 291-310.
[265] Id., L'esprit méditerranéen: hier, aujourd'hui, demain in op. cit., p. 293.
[266] Id., Thought, Culture, Action. Studies in the theory of values and its greek sources. Atenas: Academia de Atenas, 2006, p. 110ss.
[267] Id., The universality of mediterranean thought and its importance for the near future, op. cit., p. 124-131.

Impressão e acabamento
Gráfica e Editora Santuário
Em Sistema CTcP
Rua Pe. Claro Monteiro, 342
Fone 012 3104-2000 / Fax 012 3104-2036
12570-000 Aparecida-SP